Schriften

des

Vereins für Socialpolitik.

130. Band. Dritter Teil.

Gemeindebetriebe.

Neuere Versuche und Erfahrungen über die Ausdehnung der kommunalen Tätigkeit in Deutschland und im Ausland.

Dritter Band.

Dritter Teil.

Leipzig,
Verlag von Duncker & Humblot.
1909.

Gemeindebetriebe

in der Schweiz, in Belgien und in Australien.

Von

Dr. Eugen Großmann, Zürich,
Dr. Ernest Brees, Brüssel,
Prof. Dr. Robert Schachner, Jena.

Der Gemeindebetriebe dritter Band. Dritter Teil.

Im Auftrag des Vereins für Socialpolitik
herausgegeben von
Carl Johannes Fuchs.

Leipzig,
Verlag von Duncker & Humblot.
1909.

Inhaltsverzeichnis.

III. Die kommunale Sozialpolitik in Australasien (Australien und Neuseeland).

Die Gemeindebetriebe der Stadt Zürich.

Von

Dr. Eugen Großmann,

Zürich.

Inhaltsverzeichnis.

Erster Abschnitt.

Entwicklung und heutiger Stand der Gemeindewirtschaft.

Die heutige Stadt Zürich ist bekanntlich das Produkt einer „Eingemeindung", die sich von anderen Stadterweiterungen dadurch unterscheidet, daß die elf Gemeinden, welche der Altstadt durch das Gesetz vom 9. August 1891 zugeteilt wurden, an Territorium und an Bevölkerungszahl[1] die Mutterstadt weit übertrafen und daß schon vor der Vereinigung Zürichs mit seinen „Ausgemeinden" die wirtschaftliche und soziale Differenzierung, die sich mit Bezug auf die Teile einer jeden Großstadt beobachten läßt, so ausgebildet war, wie wenn die Altstadt mit den Vororten ein einziges Gemeinwesen gebildet hätte[2].

Auch auf dem Gebiete der Gemeindebetriebe äußerte sich diese faktische Einheit der zwölf Gemeinden: die Versorgung der Vororte mit Gas und Wasser geschah größtenteils durch die stadtzürcherischen Anstalten, die Abfuhrunternehmung der Altstadt dehnte ihre Dienste auch auf einige Ausgemeinden aus und die Aufsicht über die Pferdebahn erfolgte durch die gemeinsame „Straßenbahnkommission". Als die Vereinigung am 1. Januar 1893 vollzogen wurde, erstreckte sich die wirtschaftliche Tätigkeit der neuen Gemeinde auf folgende Gebiete: Wasserversorgung, Betrieb von Gaswerken, eines Elektrizitätswerkes, von Schlachthäusern, einer Materialverwaltung, einer Abfuhrunternehmung, von Badeanstalten, Unterhalt der Straßen, Verwaltung von Häusern und Liegenschaften und Bewirtschaftung von Forsten. Hierzu kamen dann im Laufe der Entwicklung noch die

[1] Die Altstadt zählte am 1. Juni 1894 28 099, die übrigen Stadtteile (die ehemaligen Ausgemeinden) 92 958 Einwohner. (Siehe Statistisches Jahrbuch der Stadt Zürich, 1905, S. 127.)

[2] Näheres hierüber siehe in „Verfassung und Verwaltung der Stadt Zürich" von Dr. C. Escher und Prof. Dr. Max Huber. (Schriften des Vereins für Sozialpolitik, Bd. 121.)

städtischen Straßenbahnen, der Arbeitsnachweis, der Wohnungsnachweis und die Regiebauten im Tiefbau.

Die äußere Entwicklung dieser Betriebe im einzelnen soll uns zunächst beschäftigen, da ihre Kenntnis Voraussetzung des richtigen Verständnisses der Darlegungen über Preispolitik, finanzielle Bedeutung usw. ist.

1. Die politische Gemeinde verfügte schon bei ihrer Erweiterung im Jahre 1893 über einen ziemlich ansehnlichen Besitz an Häusern und Grundstücken. Ohne die Waldungen und ohne die zu den Werken gehörigen Liegenschaften belief sich der Wert dieser Objekte damals auf ungefähr 7 1/2 Millionen Fr. Die Bodenpolitik wurde bisher in der Hauptsache nach rein wirtschaftlichen Gesichtspunkten betrieben, d. h. es wurde gekauft und verkauft, wie es eben die Lage im einzelnen Falle erforderte. Zu einer größeren prinzipiellen Auseinandersetzung kam es im großen Stadtrate zum erstenmal am 11. April 1896, als der Stadtrat im Hinblick auf den Plan der Erstellung von Wohnhäusern durch die Stadt oder durch gemeinnützige Baugesellschaften den Ankauf des sog. Friesenbergareales, eines ungefähr 2 km vom Stadtzentrum entfernten, über 21 ha umfassenden Landkomplexes, um den Preis von 940 000 Fr. beantragte. Die Opposition gegen den Ankauf ließ sich, abgesehen von Bedenken gegen die Beteiligung der Stadt an der damals sehr lebhaften Landspekulation, hauptsächlich von der Erwägung leiten, daß der Preis zu hoch sei. Das Geschäft wurde trotzdem abgeschlossen und erhielt sogar die Zustimmung der Gemeinde. Freilich mußte man 6 Jahre später das immer noch unverwertete Land auf Verlangen der Aufsichtsbehörde auf die Hälfte seines ursprünglichen Wertes abschreiben.

Trotz diesem mißglückten Geschäft ließ sich die Gemeindeverwaltung in ihrem Bestreben, den öffentlichen Grundbesitz stetig zu mehren, nicht irre machen. Anderseits freilich vermochte die von der sozialdemokratischen Partei verfochtene Idee, daß im öffentlichen Besitz befindliches Land unter keinen Umständen mehr veräußert werden solle, nicht durchzudringen. Zu Ende des Jahres 1907 befanden sich ungefähr 22 % des Stadtgebietes im Besitze der Gemeinde (politische und bürgerliche Abteilung und Stiftungen). Der Wert der der politischen Gemeinde gehörigen fiskalischen Liegenschaften (inkl. Waldungen und Gebäulichkeiten aber ohne die den industriellen Werken dienenden Grundstücke) belief sich im Jahre 1907 auf rund 31 Millionen Fr.

Was den Bau von Wohnhäusern betrifft, so ließ es sich die Stadt immer angelegen sein, für diejenigen Angestellten und Arbeiter, die aus Rücksichten auf den geordneten Betrieb in der Nähe der städtischen Unternehmungen wohnen mußten, Dienstwohnungen bereitzustellen. So besaß das Gaswerk im Jahre 1906: 24 Häuser mit 38 Wohnungen, das Elektrizitätswerk ein Haus mit 8 Wohnungen, das Wasserwerk 6 Häuser mit 16 Wohnungen.

Vor die Frage, ob abgesehen von den städtischen Arbeitern, für die aus betriebstechnischen Gründen Wohnungen beschafft werden mußten, auch weiteren Kreisen im Falle von Wohnungsmangel durch die Stadt geholfen werden solle, sah sich die Stadtverwaltung infolge des raschen Aufschwunges des erweiterten Gemeinwesens schon um die Mitte der 1890er Jahre gestellt. Am 26. Februar 1896 legte der Stadtrat dem großen Stadtrate einen Bericht über die „Arbeiterwohnungsfrage" vor, der in der Hauptsache folgendes Programm enthielt: Erleichterung des Vorortverkehres, regelmäßige statistische Untersuchung des Wohnungsmarktes, gelegentlicher Ankauf billiger Wohnhäuser, Förderung des Wohnungsbaues durch die kantonale Gesetzgebung, Bau von Wohnhäusern für städtische Angestellte und Arbeiter durch die Stadt, Anknüpfung von Beziehungen mit gemeinnützigen Kreisen zwecks Erstellung von Wohnungen für das weitere Publikum. Zur Begründung dieser Vorschläge wurde betont, daß es nicht in der Aufgabe der Gemeinde liegen könne, den Wohnungsbedarf der ganzen Arbeiterbevölkerung zu decken, und daß auch aus erzieherischen Gründen auf die Mitwirkung der von der Wohnungsnot betroffenen Kreise bei der Lösung der Frage nicht verzichtet werden könne.

Die Vorlage ging an eine Kommission des großen Stadtrates, die sich mit so großer Gründlichkeit an die Arbeit machte, daß, als ihre Anträge vor das Plenum kommen sollten, die Situation auf dem Wohnungsmarkte sich bereits geändert hatte. Die Kommission sah sich daher veranlaßt, ihre ursprünglichen, im Sinne der Zustimmung zu dem stadträtlichen Programm gehaltenen Anträge einer Revision zu unterziehen. Die neuen Anträge, vom 2. April 1901, ließen den städtischen Wohnungsbau aus dem Spiel und enthielten nur noch Postulate wie Errichtung eines kommunalen Wohnungsnachweises, Sanierung der Wohnungen usw.

Im großen Stadtrate stieß die Kommission auf eine weniger beruhigte Auffassung der Lage. Es wurde geltend gemacht, daß der Vorrat an Kleinwohnungen immer noch nicht genüge und daß auch eine qualitative Verbesserung der Wohnverhältnisse nur durch eine Vermehrung der Zahl der Wohnungen herbeigeführt werden könne. Unter dem Eindruck dieser Ausführungen beschloß die Behörde am 11. Mai 1901, der Stadtrat solle prüfen, ob die Stadt den Bau von billigen Wohnhäusern für kommunale Beamte und Angestellte und die Förderung gemeinnütziger Bestrebungen an Hand nehmen solle.

Der Anlaß zur erneuten Befassung mit der Angelegenheit kam bald genug. Am 1. Dezember 1905 war die Zahl der leerstehenden Wohnungen schon wieder auf 0,3 % der Gesamtzahl gesunken. Dazu kam eine scharfe Steigerung der Mietzinse. Unter dem Eindruck dieser Tatsachen schlug der Stadtrat dem großen Stadtrate am 21. Juli 1906 vor, einen größeren Versuch mit dem Bau und Betrieb von städtischen Wohnhäusern zu machen. Es sollten drei Baublöcke mit 225 Wohnungen erstellt und hierfür ein Kredit von 2 375 000 Fr. erteilt werden. Ohne wesentliche Debatte erklärte der große Stadtrat am 27. Januar 1907 seine Zustimmung und lud den Stadtrat überdies ein, weitere Projekte für die Errichtung von städtischen Wohnhäusern vorzulegen.

Ende 1907 besaß die politische Gemeinde 307 fiskalische Häuser im Versicherungswerte von 9 877 800 Fr.

2. Die städtischen Forsten[1] bilden wohl den ältesten Zweig der heutigen Gemeindewirtschaft der Stadt Zürich. Ihr wesentlichster Bestandteil, der sog. Sihlwald, liegt außerhalb des Gebietes der Stadt Zürich und befand sich wohl schon zu Anfang des 14. Jahrhunderts im Besitze der Stadtgemeinde. Zusammen mit einer innerhalb der Gemarkung Zürichs gelegenen Waldung bildet der „Sihlwald" seit dem Jahre 1893 d. h. seit der Vereinigung der Altstadt mit den Vororten die „Stiftung des stadtzürcherischen Nutzungsgutes", deren Zweck darin besteht, die Einkünfte jenes Vermögens für alle Zeiten wissenschaftlichen, künstlerischen und wohltätigen Zwecken zuzuführen. Die Waldungen des Stiftungsgutes, im Jahre 1907 ungefähr 1160 ha im Werte von über 2 Millionen Fr. (inkl. zugehörige Gebäulichkeiten) umfassend, sind also ohne direkten Einfluß auf den Finanzhaushalt der Stadtgemeinde. Letztere besitzt eigene Waldungen in einem Umfange von ca. 546 ha, wovon indessen nur 366 ha dem allgemeinen Gemeindevermögen zufallen, während 180 ha der Bürgergemeinde gehören. Die Waldungen der politischen und der Bürgergemeinde sind durch eine seit dem Jahre 1893 verfolgte Arrondierungspolitik auf einen Umfang von 51 % (1905) des gesamten im Stadtbanne gelegenen Waldbestandes gebracht worden. Administrativ bilden alle diese Bestandteile der Stadtwaldung eine Einheit, die in technischer Beziehung

[1] Vgl. hierüber U. Meister, Stadtforstmeister, Die Stadtwaldungen von Zürich. 2. Aufl. Zürich 1903.

außer der eigentlichen Forstwirtschaft in eine Reihe von Nebenbetrieben zerfällt, nämlich in ein Sägewerk, eine Imprägnierungsanstalt, eine mechanische Dreherei (für die Fabrikation von Werkzeugstielen), eine mechanische Spalterei, eine Einrichtung für die Fabrikation von Holzwolle, eine Regiefuhrhalterei und schließlich eine Brennmaterialienhandlung, die seit 1899 neben dem Holzverkauf für das städtische Gaswerk auch den Vertrieb von Koks besorgt. Die Führung dieser ganzen Wirtschaft erforderte im Jahre 1906 ein Personal von 17 Beamten und Angestellten und 135 Arbeitern.

3. Die Wasserversorgung[1] geschah Jahrhunderte hindurch, bis in das siebente Jahrzehnt des neunzehnten Jahrhunderts hinein durch öffentliche und private Brunnen. Gegen Ende der 1860er Jahre trat die Unzulänglichkeit dieser Einrichtung zu Tage und die Gemeindeversammlung der alten Stadt beschloß daher am 4. September 1868, neben der Quellwasserversorgung auch eine sog. Brauchwasserversorgung (filtriertes Seewasser) einzurichten und zu betreiben. Bei der Anlage dieses Unternehmens wurden von Anfang an auch die Bedürfnisse der Vororte in Betracht gezogen, so daß bei der Vereinigung vom Jahre 1893 lediglich die Änderung eintrat, daß auch die Quellwasserversorgungen der Ausgemeinden in eine Hand gelangten.

Um die Zahl der Quellwasserbrunnen zu vermehren und die Qualität des Brauchwassers zu verbessern, wurde schon im Jahre 1895 mit dem Ankauf neuer Quellen im oberen Sihltal begonnen. In der Gemeinde-Abstimmung vom 20. Mai 1900 sodann wurde für den Erwerb weiterer Quellen im Sihl- und Lorzetal und für Ableitungs- und Verteilungsbauten ein Kredit von 2,9 Millionen Fr. bewilligt.

Dieses Unternehmen wurde im Jahre 1905 vollendet.

Am 17. Juni 1902 beschloß der große Stadtrat die Errichtung von 216 neuen öffentlichen Brunnen.

Mit dem Wasserwerk verbunden ist ein Installationsgeschäft, das allein befugt ist, die Einrichtungen bis zum Wassermesser oder Kaliberhahn zu erstellen. Die innerhalb dieser Grenze vorzunehmenden Arbeiten kann der Wasserabnehmer auch durch einen im Besitze einer Konzession befindlichen Handwerker ausführen lassen. (Reglement für die Abgabe von Wasser in Privatgrundstücke vom 3. November 1906, § 28.)

Das in der Wasserversorgung investierte Kapital betrug Ende 1907

[1] Siehe hierüber auch H. Peter, Die Wasserversorgung der Stadt Zürich (Denkschrift zur 43. Jahresversammlung des Vereins der Gas- und Wasserfachmänner). Zürich 1903.

(inkl. Wasserkraftanlage für das Elektrizitätswerk) 5,6 Millionen Fr. Das Unternehmen hatte damals ca. 30 Beamte und Angestellte und 107 Arbeiter in seinen Diensten.

4. Die Gasversorgung wurde in Zürich von Anfang an als eine Angelegenheit betrachtet, bei deren Regelung die Stadt als Vertreterin der öffentlichen Interessen mitzuwirken habe. Schon im Oktober 1854 erließ der Stadtrat von Zürich eine Konkurrenzausschreibung für den Bau einer Gasanstalt, und gab den Entwurf einer Konzession bekannt. Am 30. Juni 1855 kam mit dem bekannten Unternehmer L. A. Riedinger aus Bayreuth ein Vertrag zustande, in welchem die Interessen der Stadt und ihrer Einwohner in sehr umsichtiger Weise wahrgenommen waren. Wenn Riedinger auch für die Dauer von 30 Jahren das Monopol für die Besorgung der öffentlichen Beleuchtung und für das Legen von Röhren in den öffentlichen Straßen erhielt, so mußte er auf der anderen Seite doch eine Reihe von Verpflichtungen eingehen, die einen Mißbrauch des Monopols ausschlossen. So wurde der Lieferungszwang zu gunsten aller Einwohner, in deren Stadtteil die öffentliche Gasbeleuchtung eingeführt wäre, statuiert, Höchstpreise für die Abgabe von Gas an Gemeinde und Private festgesetzt, die Genehmigung des Tarifes für das Installationsgeschäft durch den Stadtrat vorbehalten usw. Besonders günstig waren die Rückkaufsbestimmungen: nach Ablauf der dreißigjährigen Vertragsdauer sollte die Stadt die Anlage erwerben können und zwar nach ihrer Wahl zum Inventarwerte (unter Abzug des eingetretenen Minderwertes und unter Berechnung des Grund und Bodens zu seinem Ankaufspreise) oder zum Werte, der sich aus der Rentabilität der letzten zehn Jahre ergibt. Die Ende 1856 vollendete Fabrik ging schon nach kurzer Zeit an die „Zürcher Aktiengesellschaft für Gasbeleuchtung“ über, in deren Händen sie bis zum Ablauf der Konzession im Jahre 1886 verblieb. Die Stadt entschloß sich Ende 1885 von ihrem Rückkaufsrechte Gebrauch zu machen und im Dezember 1886 nahm sie die Anstalt in eigenen Betrieb. Bestimmend für den Rückkauf war, wie die Weisung des Stadtrates an die Gemeinde vom 4. Dezember 1885 erkennen läßt, neben der Rücksicht auf die Bedürfnisse der Straßenverwaltung und der öffentlichen Beleuchtung insbesondere das Bestreben, die hohen Erträgnisse des Unternehmens der Gemeinde zuzuwenden.

Die Gasversorgung der Vororte, die heute mit Zürich vereinigt sind, geschah schon damals durch die Altstadt. Eigene Wege ging einzig die Gemeinde Enge[1]. Dort hatte sich schon im Jahre 1864 eine „Aktien-

[1] Vgl. hierüber Dr. Konrad Escher, Enge. Ein Rückblick in die Vergangenheit (Zürcher Wochenchronik, Jahrg. 1905, Nr. 35).

gesellschaft für Gasbeleuchtung" gebildet, die indessen keine reine Erwerbsgesellschaft war, sondern auch gemeinnützige Zwecke verfolgte. Die Statuten sahen nämlich eine Maximaldividende von 5 % vor und bestimmten im weiteren, daß Reinerträgnisse, die über diesen Betrag und über die statutarischen Einlagen in den Reservefonds hinausgehen sollten, zur Herabsetzung des Gaspreises und zur Amortisation des Aktienkapitals zu verwenden seien. Nach durchgeführter Amortisation des Aktienkapitals sollte die ganze Anlage unentgeltlich der Gemeinde zufallen. Die Gemeinde sollte aber auch schon vorher jederzeit durch Einlösung der Aktien zu ihrem Nennwerte und durch Nachzahlung der Dividenden, soweit diese den Betrag von 5 % nicht erreicht haben sollten, das Unternehmen an sich ziehen können. Im Jahre 1885 machte sie von dieser Fakultät Gebrauch und betrieb die Anstalt bis zur Vereinigung mit Zürich selbst.

Durch die Stadterweiterung vom Jahre 1893 gelangten die beiden Fabriken der Altstadt und die der Gemeinde Enge in den Besitz der werdenden Großstadt. Der rasche Aufschwung, den diese von Anfang an nahm, brachte eine so bedeutende Steigerung des Gaskonsums (1893: 4 491 000 m^3; 1896: 7 123 000 m^3), daß die Gemeinde am 7. Februar 1897 den Bau einer neuen Gasfabrik im Kostenvoranschlage von 7,8 Millionen Fr. beschließen mußte. Die Anstalt wurde auf dem Territorium der Gemeinde Schlieren errichtet und im November 1898 dem Betrieb übergeben[1]. Ende 1907 war in diesem Unternehmen ein Kapital von 11,7 Millionen Fr. (inkl. Vorräte) investiert.

Das Personal bestand zu Ende des Jahres 1907 aus ungefähr 70 Beamten und Angestellten und aus 325 Arbeitern (einschließlich die Angestellten für die öffentliche Beleuchtung).

Die äußere Entwicklung des städtischen Gaswerkes ist von einer nicht weniger tiefgreifenden Wandlung seines wirtschaftlichen Charakters begleitet gewesen. Diente das Werk ursprünglich vor allem dem Bedürfnis nach Licht, so steht heute die Lieferung des Kochgases im Vordergrund. Im Jahre 1893 entfielen nämlich 87,7 % aller Gasmesser auf Leuchtgaseinrichtungen, im Jahre 1907 dagegen nur noch 29,8 %; umgekehrt waren im Jahre 1893 nur 8,9 % aller Gasmesser für Koch- und Heizanlagen bestimmt, 1907 dagegen 69,2 %. Und ähnlich liegt die Sache, wenn man den Konsum zum Vergleich heranzieht: 7,6 % der Gesamtproduktion fielen

[1] Siehe hierüber A. Weiß, Das Gaswerk der Stadt Zürich (Denkschrift zur Jahresversammlung des deutschen Vereins von Gas- und Wasserfachmännern). Zürich 1903.

im Jahre 1893 auf den Verbrauch von Koch- und Heizgas, 1907 waren es 55,8 %. Die „kleineren Leuchtgasabonnenten“ d. h. die Privatabnehmer (ohne die Bahnhöfe, Staatsanstalten u. dergl.) dagegen konsumierten im Jahre 1893: 46,2 % der gesamten Produktion, 1907 dagegen nur noch 17,6 %.

Nach der Eröffnung der neuen Gasfabrik nahm die Stadt in dem Bestreben, ihre Anlagen voll auszunützen, auch die Versorgung der Vorortsgemeinden mit Gas wieder an die Hand. Von 1899—1908 wurden mit sieben Gemeinden (Schlieren, Zollikon, Kilchberg, Altstetten, Oerlikon, Adliswil und Albisrieden) Gaslieferungsverträge abgeschlossen, die alle ihrem Inhalte nach übereinstimmen und in der Hauptsache dahin lauten, daß das Gaswerk die Hauptleitung erstellt, während die bediente Gemeinde für die Verteilung des ihr gelieferten Gases zu sorgen hat. Die Vertragsdauer beträgt überall 8 Jahre und die bediente Gemeinde ist verpflichtet, innerhalb 10 Jahren weder ein eigenes Gaswerk zu errichten noch von anders woher Gas zu beziehen[1].

Die Nebenprodukte der Gasfabrikation (Koks, Teer, Pech, Ammoniak) werden teils vom Gaswerk selbst, teils vom Holzdepot der Forstverwaltung (Koks) in den Handel gebracht, teils an die städtischen Gebäude für Heizzwecke abgegeben.

Mit dem Gaswerk verbunden ist, abgesehen von der seit 1897 dem Unternehmen überbundenen Besorgung der öffentlichen Beleuchtung, das Installationsgeschäft. Um die Ausdehnung dieses Betriebszweiges ist zwischen dem Gaswerke und den Privatinstallationsgeschäften ein Kampf geführt worden, dessen Verlauf nicht ohne Interesse ist.

In dem „Reglement für die Abgabe von Gas in Privatgrundstücke“ vom 17. Februar 1894[2] war nämlich die Anordnung getroffen, daß die Erstellung der Zuleitungen bis zum Gasmesser und die Lieferung des Gasmessers selbst ausschließlich durch das Gaswerk erfolgen dürfe. Der Tätigkeit der Privatinstallateure blieb somit nur die Erstellung der hinter dem Gasmesser gelegenen Einrichtungen. Um diese Schranken zu beseitigen, wurde im Jahre 1897 dem großen Stadtrate von einem seiner Mitglieder auf dem Wege der Motion der Vorschlag gemacht, es sei in Umkehrung der beiden geltenden Grundsätze die Erstellung der Zuleitungen gänzlich den privaten Gewerbetreibenden zu überlassen. Der Stadtrat[3] sprach sich mit Entschiedenheit gegen diesen Antrag aus, in der Hauptsache mit der

[1] Vgl. Amtliche Sammlung der Beschlüsse und Verordnungen der Behörden der Stadt Zürich. VI, 217, 245; VII, 141, 175, 215, 217; VIII, 41.

[2] Beschlüsse und Verordnungen der Behörden der Stadt Zürich, III, 11.

[3] Weisung vom 2. März 1898.

Begründung, daß die Gasentweichungen, die vor dem Gasmesser stattfinden, zu Lasten des Werkes fallen und daß kein Kaufmann vor der Übergabe einer Ware die Verfügung darüber aus der Hand geben werde. Trotz diesem Widerspruche beschloß der große Stadtrat am 17. November 1898, daß für die Erstellung der Zuleitungen im Inneren der Gebäude bis zum Gasmesser freie Konkurrenz zwischen dem Gaswerke und den privaten Installationsgeschäften walten solle; immerhin sollten nur diejenigen Unternehmer zugelassen werden, die Garantien böten für sachgemäße Arbeit. Der Kommissionsreferent hatte hervorgehoben, daß in einem derartigen Geschäftszweige im Interesse des Publikums die freie Konkurrenz herrschen müsse.

In dem neuen Reglement über die Gaslieferung, vom 28. Oktober 1899 und ebenso in demjenigen vom 17. Februar 1906 wurde die Angelegenheit gemäß den Wünschen des großen Stadtrates geordnet. Der Streit hatte unterdessen freilich dadurch an Bedeutung verloren, daß die Stadt sich im Jahre 1899 entschlossen hatte, im Interesse der Steigerung des Konsums die Zuleitungen in weitgehendem Maße auf eigene Kosten erstellen zu lassen. Dadurch waren die Installateure wieder auf das Wohlwollen des Werkes verwiesen, das großmütig genug war, ihnen alljährlich einen Teil der Aufträge zu überlassen.

5. Die Vorarbeiten für die Errichtung eines städtischen Elektrizitätswerkes[1] wurden vom Stadtrate schon gleich nach der durchgeführten Kommunalisierung des Gaswerkes an die Hand genommen. Man dachte zwar ursprünglich daran, das Risiko einer derartigen Unternehmung der Privatindustrie zu überlassen und die öffentlichen Interessen lediglich durch Festsetzung angemessener Konzessionsbedingungen wahrzunehmen. Wenn schließlich der Entscheid doch im Sinne der Errichtung eines städtischen Werkes ausfiel, so war, wie die Weisung des Stadtrates vom 4. Juni 1890 ausführt, hauptsächlich die Rücksicht auf folgende Vorteile maßgebend: die Möglichkeit einer einheitlichen Verwaltung der im Straßengrunde liegenden Objekte, eines einheitlichen Betriebes des Wasser- und des Elektrizitätswerkes, einer einheitlichen Verfügung über die verschiedenen Lichtquellen, die Aussicht auf Gewinnung einer neuen Einnahmequelle und die Notwendigkeit, das eben erst erworbene Gaswerk, das ja damals in der Hauptsache noch eine reine Beleuchtungsanstalt war, vor der Konkurrenz eines anfällig entstehenden privaten Elektrizitätswerkes zu schützen.

[1] Siehe hierüber H. Wagner, Das Elektrizitätswerk der Stadt Zürich (Denkschrift zur 43. Jahresversammlung des Vereins der Gas- und Wasserfachmänner). Zürich 1903.

Die Eröffnung des neuen Betriebszweiges fand im Jahre 1892 statt. Er gliederte sich in administrativer wie in technischer Beziehung dem Wasserwerke an, von dem er die zur Erzeugung der elektrischen Energie erforderliche Wasserkraft zum Selbstkostenpreise erhielt. Man faßte zunächst entsprechend der noch beschränkten Leistungsfähigkeit des Werkes lediglich die Lichtversorgung ins Auge. Das erste „Reglement über die Abgabe von elektrischem Strom in Privatgrundstücke", vom 17. Februar 1894, nahm bezüglich der Lieferung von Strom für technische Zwecke lediglich „besondere Vereinbarungen" in Aussicht und der Stadtrat sah sich sogar am 14. April 1894 zu dem Beschlusse veranlaßt, daß Konzessionen für Starkstromleitungen an Private wenigstens für so lange zu erteilen seien, als die Stadt nicht selbst in der Lage wäre, zu ungefähr den gleichen Bedingungen Strom abzugeben.

Die Notwendigkeit, die Anlagen während der Tageszeit besser auszunützen, führte allerdings bald dazu, daß man durch billige Tarife den Anschluß von kleinen Motoren (bis 10 HP), die in den Stunden, in welchen die Beleuchtungsanlage in vollem Betrieb stand, nicht benutzt werden durften, zu erreichen suchte[1]. Daneben wurde das Projekt einer großen Kraftversorgungsanlage fortwährend verfolgt und der dringendste Bedarf, der namentlich nach dem Umbau der Pferdebahn zum elektrischen Betrieb eine starke Steigerung erfuhr, durch die Einrichtung von Dampfdynamoanlagen befriedigt. Da sich die Studien und Verhandlungen über die Gewinnung einer für alle Bedürfnisse ausreichenden Wasserkraft aber in die Länge zogen, schritt man zur mietweisen Beschaffung elektrischer Energie. Am 18. April 1903 wurde zwischen dem „Motor", Aktiengesellschaft für angewandte Elektrizität und dem Stadtrate ein Vertrag abgeschlossen, laut welchem der „Motor" sich verpflichtete, der Stadt Zürich während zehn Jahren elektrische Energie bis zum Betrage von 2500 Kilowatt zu liefern. Die Stadt sollte aber schon nach drei Jahren auf die weitere Lieferung von Strom verzichten können. Die Interessensphären mit Bezug auf den Absatz wurden in der Weise abgegrenzt, daß die Stadt außerhalb ihrer Gemarkung nur an eigene Anlagen oder an von ihr ausgehende interurbane Straßenbahnen Strom abgeben durfte, während der „Motor" sich verpflichten mußte, während der Vertragsdauer und während 30 Jahren nachher keinen Strom an Dritte in die Stadt Zürich zu liefern.

[1] Vgl. Beschluß des Stadtrates vom 8. Dezember 1894 (Beschlüsse und Verordnungen III, 221), Reglement für die Abgabe von elektrischem Strom in Privatgrundstücke vom 5. September 1896 (Beschlüsse und Verordnungen V, 53) und Beschluß des großen Stadtrates vom 1. Februar 1902 (Beschlüsse und Verordnungen VII, 104).

Nach Abschluß dieses Vertrages konnte die Abgabe von Kraftstrom in größerem Maßstabe erfolgen. Am 30. August 1903 bewilligte die Gemeinde den erforderlichen Kredit für den Ausbau des Kraftverteilungsnetzes, und der neue Tarif für die Abgabe von Strom zu technischen Zwecken vom 27. Juni 1903 hob für diejenigen Motoren, die nicht an das Beleuchtungsnetz angeschlossen blieben, die Beschränkung der täglichen Benützungsdauer auf. Ende 1907 war die Ausdehnung des Kraftverteilungsnetzes schon soweit vorgeschritten, daß seine Bedeutung nicht mehr stark hinter derjenigen des Beleuchtungsnetzes zurückblieb. An ersteres waren nämlich Objekte mit einem Verbrauch von rund 4739 Kilowatt, an letzteres solche mit einem Verbrauch von 5865 Kilowatt angeschlossen. Noch größere Bedeutung wird die Stadt als Lieferantin von elektrischem Kraftstrom voraussichtlich erlangen, wenn der von der Gemeinde am 10. Juni 1906 beschlossene Bau einer Kraftübertragungsanlage an der Abula (Kt. Graubünden) im Kostenvoranschlage von 10,7 Millionen Fr. vollendet sein wird.

Der Umfang des Installationsgeschäftes des Elektrizitätswerkes ist dadurch gegeben, daß die Herstellung der Abzweigungen von den Straßenleitungen bis zum Hauptschalter und die Lieferung der Elektrizitätszähler nur durch das Werk erfolgt, während die innerhalb des Hauptschalters gelegenen Einrichtungen auch durch Unternehmer, die im Besitze einer Konzession hierfür sind, ausgeführt werden können. Das gesamte im Elektrizitätswerk investierte Kapital belief sich zu Ende des Jahres 1907 auf 6,4 Millionen Fr. [1], die Zahl der Beamten und Angestellten auf zirka 35, die der Arbeiter auf 138.

---

6. Auf dem Gebiet des Straßenbahnwesens [2] ist die Initiative nicht wie bei den anderen industriellen Unternehmungen von der Altstadt, sondern von der unter der Entfernung vom Hauptbahnhofe stark leidenden Vorortgemeinde Riesbach ausgegangen. Schon im Jahre 1876 wollte diese Gemeinde eine Straßenbahnverbindung nach dem Zentrum herstellen, allein ihr Konzessionsbegehren blieb infolge verwaltungsrechtlicher Meinungsverschiedenheiten zwischen Bund, Kanton und Gemeinde jahrelang unerledigt. Im Jahre 1881 schlossen sich die Gemeinden Zürich, Riesbach, Enge und Außersihl zu einem „Straßenbahnverbande" zusammen, dessen Zweck in der

---

[1] Ohne die Baukosten des Abulawerkes.

[2] Siehe hierüber auch A. Bertschinger, Die Straßenbahnen der Stadt Zürich (Denkschrift zur 43. Jahresversammlung des Vereins der Gas- und Wasserfachmänner).

Verständigung über eine gemeinsam zu erteilende Konzession an einen Unternehmer bestand. Im Juli des Jahres 1881 kam auch wirklich ein Konzessionsvertrag mit der Londoner Firma Meston & Co. zustande, der den Bau einer Pferdebahn in den hauptsächlichsten Verkehrsadern der Altstadt und Verbindungen der letzteren mit Enge und Außersihl vorsah.

Den entscheidenden Einfluß auf den Umfang der Rechte und Pflichten des Unternehmers übte allerdings nicht dieser Vertrag, sondern die am 3. Dezember 1881 bis 31. Januar 1882 von Kanton und Bund erteilte Konzession aus. Mit Bezug auf die Tarife ist aus dem Inhalte derselben hervorzuheben die Bestimmung, daß eine Ermäßigung der Fahrgelder stattzufinden habe, wenn der Reingewinn während mehrerer Jahre den Betrag von 8 % überschritten haben sollte. Die Bestimmungen über den Rückkauf waren nicht günstig: während der ersten 15 Jahre der Konzessionsdauer sollte der Rückkauf nur stattfinden können, wenn Gründe der öffentlichen Wohlfahrt oder Sicherheit die Beseitigung (!) der Straßenbahn gebieten.

Fand der Rückkauf später statt, so sollte als Rückkaufspreis der fünfundzwanzigfache bezw. zweiundzwanzig und ein halbfache bezw. der zwanzigfache Betrag des durchschnittlichen Reingewinns der letzten zehn Jahre bezahlt werden, je nachdem der Rückkauf zwischen dem fünfzehnten und dreißigsten bezw. zwischen dem einunddreißigsten und vierzigsten bezw. zwischen dem einundvierzigsten und fünfzigsten Jahre der Konzessionsdauer stattfände. Mindestens aber sollten die ursprünglichen Anlagekosten ersetzt werden.

Die Konzession wurde alsobald an die „Zürcher Straßenbahn-Aktiengesellschaft" übertragen und das ganze Netz im Lauf des Jahres 1882 in Betrieb gesetzt.

Als die erweiterte Stadt im Jahre 1893 ins Leben trat, lagen bereits neue Konzessionsbegehren privater Unternehmer vor den eidgenössischen Behörden. Da die städtischen Behörden aber noch unschlüssig über die einzuschlagende Verkehrspolitik waren, ersuchten sie den Bundesrat um Sistierung der Behandlung der eingereichten Konzessionsgesuche, jedoch ohne Erfolg. Am 29. März 1893 wurden den Bewerbern für die Linien Bellevue-Kirche Fluntern, Quaibrücke-Burgwies und Bellevue-Römerhof-Kreuzplatz von der Bundesversammlung entsprochen. Die Konzessionsdauer war auf 50 Jahre festgesetzt, die Genehmigung der Tarife und Fahrpläne und Höchsttaxen vorgesehen, die Herabsetzung der Fahrgelder bei einem während drei Jahren beständig 6 % übersteigenden Reinertrag gefordert und das Rückkaufsrecht des Bundes auf frühestens 1. Mai 1915 vorbehalten. Für alle diese Linien war der elektrische Betrieb vorgesehen.

Der Stadt blieb unter diesen Umständen nichts übrig, als die städtische

Konzession nun ebenfalls zu erteilen und ihre besonderen Interessen dabei nach Möglichkeit wahrzunehmen. Das geschah durch die Verpflichtung der Konzessionäre zur Aufnahme eines städtischen Vertreters in die Verwaltung der Bahnen, zu Beiträgen an den Straßenunterhalt bei Überschreitung einer gewissen Höhe des Reinertrages, zur Ausgabe direkter Billets im Anschluß an andere Linien, zum Bezug des elektrischen Stromes von der Stadt, sofern diese es verlangen sollte usw. Mit Bezug auf die Verstadtlichung war bestimmt, daß die auf öffentlichem Grunde befindlichen Anlagen nach Ablauf der Konzessionsdauer unentgeltlich der Stadt zufallen sollten; ferner war auch das Rückkaufsrecht etwas anders geregelt als in der Bundeskonzession: der Rückkauf sollte jederzeit stattfinden können und zwar, wenn er innerhalb der ersten 15 Jahre geschehen sollte, gegen Bezahlung der Anlagekosten zuzüglich fünf Prozent Zins seit Eröffnung des Betriebes, sofern nicht die Dividenden und Einlagen in den Reservefonds schon diesen Betrag erreicht haben sollten. Zwischen dem fünfzehnten und fünfzigsten Jahre der Konzessionsdauer konnte der Rückkauf nur auf Grund des kapitalisierten Ertragswertes (Multiplikator 25 bezw. 20 bezw. 15 je nach Zeitpunkt) erfolgen, wobei aber das ursprüngliche Anlagekapital unter allen Umständen zu ersetzen war[1].

Die Linien Quaibrücke-Burgwies und Bellevue-Römerhof-Kreuzplatz vereinigten sich noch vor der im März 1894 erfolgten Betriebseröffnung zu der Aktiengesellschaft „Elektrische Straßenbahn Zürich" und die Linie nach Fluntern, zu der noch das Teilstück Platte-Polytechnikum-Rigistraße[2] hinzugefügt wurde, wurde von der „Zentralen Zürichbergbahn" (Aktiengesellschaft) übernommen und im Februar 1895 eröffnet.

So war also für die wichtigsten Verkehrsbedürfnisse durch Privatunternehmungen gesorgt, noch bevor die Stadtverwaltung über die von ihr zu befolgende Straßenbahnpolitik zu einer grundsätzlichen Stellungnahme hatte gelangen können. Um den weiteren Ausbau des Netzes nach einheitlichem Plane zu sichern, wurden die Studien immerhin so beschleunigt, daß der Stadtrat dem großen Stadtrate am 23. August 1894 ein „Straßenbahnprogramm" vorlegen konnte, das folgende Zielpunkte enthielt: Beseitigung des gebrochenen Betriebes, Ausdehnung des Netzes auf die von den Privatgesellschaften gemiedenen weniger verkehrsreichen Quartiere durch Bau und Betrieb städtischer Straßenbahnen, allmähliche Durchführung des Regiebetriebes durch Rückkauf der Privatbahnen. Die weitere Erteilung

[1] Siehe die Konzessionen vom 12. April, 13. Mai 1893 und 3. März 1894 in „Beschlüsse und Verordnungen", Bd. I, 279; II, 14, 296.

[2] Konzession siehe in „Beschlüsse und Verordnungen", Bd. II, 8.

von Konzessionen sollte nach der Meinung des Stadtrates in besonderen Fällen aber auch in Zukunft zulässig sein.

Am 8. September 1894 erklärte der große Stadtrat mit erheblicher Mehrheit sein Einverständnis mit diesem Programm, und schon am 9. Oktober 1894 legte der Stadtrat in Ausführung desselben den Entwurf eines Vertrages vor, durch welchen der Rückkauf der Zürcher Straßenbahn-Aktiengesellschaft (Pferdebahn) bewerkstelligt werden sollte. Nach diesem Abkommen sollte die Bahn am 1. Januar 1897 um den Kaufpreis von 1 750 000 Fr. an die Stadt übergehen. Der Bilanzwert betrug allerdings nur rund 1 168 000 Fr., allein der Umstand, daß der konzessionsmäßige Rückkauf nur auf Grund des Ertragswertes erfolgen konnte und der Dividendenertrag, der in den 1880er Jahren sich noch in ziemlich bescheidenen Grenzen gehalten hatte, seit einigen Jahren mächtig zugenommen hatte (er betrug 1891: 7 %, 1892: 8 %, 1893: 15 %, 1894: 16 %), nötigte die Behörden, wollten sie später nicht noch höhere Rückkaufswerte riskieren, zur Bewilligung des erwähnten Preises, zumal der Versuch, durch Ermäßigung der Tarife den Ertragswert herabzudrücken auf den entschiedenen Widerstand der Gesellschaft stieß und die Stadtverwaltung vor einem rechtlichen Austrag des Streites absehen zu sollen glaubte.

Der Vertrag kam am 3. November 1894 im großen Stadtrate zur Behandlung. Gegen den Kaufpreis regte sich etwelcher Widerspruch; als aber der Referent vorgerechnet hatte, daß der konzessionsmäßige Rückkauf eine Summe von 2 175 000 Fr. erfordern würde, schickte man sich in die Zwangslage und der Vertrag wurde mit 88 gegen 2 Stimmen genehmigt.

Dieser ersten Verstadtlichungsaktion folgte alsbald eine zweite. Am 1. April 1896 legte der Stadtrat einen Vertrag über den Rückkauf der „elektrischen Straßenbahn Zürich“ vor, laut welchem die beiden Linien dieser Gesellschaft am 1. Juli 1896 um den Preis von 735 000 Fr. an die Gemeinde übergehen sollten. Auch dieser Rückkauf war für die Aktionäre ein durchaus annehmbares Geschäft, da sie im Jahre 1894 nur 2½ % und im Jahre 1895 gar keine Dividende erhalten hatten, während infolge der Bestimmungen der Konzession über den Rückkauf die Stadt außer den Anlagekosten noch den Fehlbetrag bis zu einer Verzinsung von 5 % des Aktienkapitals seit Betriebsbeginn zu bezahlen hatte. Ohne wesentliche Debatte wurde auch diesem Rückkauf vom großen Stadtrat zugestimmt.

Parallel mit diesen Rückkaufsoperationen ging die Ausdehnung des städtischen Netzes durch *eigene neue Bahnbauten*. Am 9. Mai 1896 beschloß der große Stadtrat den Bau von drei neuen Linien (Hauptbahnhof-Wiedikon, Bellevue-Paradeplatz mit Abzweigung über den Alpenquai zum

Bahnhof Enge und Kreuzplatz-Hauptbahnhof), die im Dezember 1898 und Januar 1899 dem Betriebe übergeben wurden. Zur praktischen Durchführung des Programmpunktes, auch den weniger frequentierten Stadtteilen Straßenbahnverbindungen zu verschaffen, schritt der große Stadtrat, als er am 21. Juni 1899, nicht ohne Opposition von Mitgliedern, die nur „rentable" Linien bauen wollten, den Bau zweier Linien in den Quartieren Enge und Wollishofen beschloß, deren Betrieb voraussichtlich ein jährliches Defizit von ungefähr 20 000 Fr. verursachen mußte.

Alle diese Linien waren für den elektrischen Betrieb eingerichtet. Sollte einer der Hauptpunkte des Straßenbahnprogramms, die Vereinheitlichung des Betriebes, erreicht werden, so mußten die alten Pferdebahnlinien ebenfalls für den elektrischen Betrieb eingerichtet werden. Die Geleise mußten für eine Strecke von 9 Kilometern vollständig neu gelegt, neue Wagenschuppen und Werkstätten, neues Rollmaterial mußten beschafft werden und so dem hohen Rückkaufspreis nochmals ein Aufwand von mehreren Millionen Fr. hinzugefügt werden. Es ist klar, daß diese hohen Anlagekosten von großer Bedeutung für die Finanzlage des Unternehmens werden mußten. Wir werden im zweiten Abschnitt hierüber noch einiges mitzuteilen haben.

Eine weitere Ausdehnung erfuhr das Netz durch den im Jahre 1905 beschlossenen Bau einer Linie aus dem Stadtzentrum zum Polytechnikum.

Dem „Straßenbahnprogramm" gemäß wurden auch nach den ersten Schritten in der Richtung der Kommunalisierung der lokalen Verkehrsanstalten noch Konzessionen an Privatunternehmungen erteilt, so am 9. Februar 1895 für eine Linie nach dem Industriequartier, am 24. Oktober 1895 für eine Linie durch das Quartier Unterstraß (interurbane Straßenbahn Zürich-Oerlikon-Seebach), am 4. Juli 1896 für das Teilstück der interurbanen Linie Zürich-Höngg, am 7. September 1898 für die sog. Dolderbahn und am 3. November 1906 für die Linie nach dem Albisgütli. Der Inhalt dieser Konzessionen deckt sich in der Hauptsache mit den oben skizzierten Vorschriften der früheren Stadtkonzessionen. Bei den interurbanen Linien und der Dolderbahn fehlt immerhin das Recht der Stadt zur Lieferung des Stromes; auch ist das Rückkaufsrecht meist noch etwas günstiger für die Stadt geregelt.

Die wichtigste unter diesen Linien, die sog. Industriequartierstraßenbahn, wurde übrigens bereits auf 1. Januar 1903 zurückgekauft. Das Unternehmen hatte in den Jahren 1898—1901 durchschnittlich ca. 4½ % Dividende bezahlt, ging aber infolge einer etwas voreiligen Tarifherabsetzung einer ziemlich ungewissen Zukunft entgegen und die Aktionäre waren daher froh, ihre Aktien gegen $3^{1}/_{2}$ % Zins abwerfende Obligationen austauschen zu können.

Den Schluß der Rückkaufsoperationen bildete der vom großen Stadtrate am 21. Oktober 1905 beschlossene Rückkauf der Zentralen Zürichbergbahn. Die Aktionäre hatten keine Verzinsung erhalten und das Material war auch in so erneuerungsbedürftigem Zustande, daß der Rückkauf gegen Einlösung der Aktien zu 50 % ihres Nennwertes und Übernahme der Passiven erfolgen konnte.

Im ganzen wies das städtische Straßenbahnnetz Ende 1907 eine Betriebslänge von 28,6 km auf. Investiert war in dem Unternehmen ein Kapital von 9,6 Millionen Fr. und beschäftigt waren darin 41 Beamte und 543 Angestellte und Arbeiter (ohne das Ablösungspersonal).

7. Die Materialverwaltung bestand in Zürich schon vor dem Jahre 1893 als ein besonderer Betrieb. Ihre Aufgabe besteht im Ankauf und in der Verwertung von Baumaterialien, Werkgeschirr, Wagen u. dgl. Neben der Bedienung der verschiedenen städtischen Betriebe macht sie auch Lieferungen an private Bauunternehmer. Einen ziemlichen Umfang hat die Gewinnung von Kies für die Straßenverwaltung angenommen. Im ganzen beschäftigte die Materialverwaltung zu Ende des Jahres 1907: 128 Arbeiter.

8. Unter dem Titel „Abfuhrwesen" werden eine Reihe von Dienstzweigen zusammengefaßt: es gehört hierher vor allem die Wegschaffung des Hauskehrichts und der tierischen und menschlichen Auswurfstoffe. Die menschlichen Exkremente werden, soweit sie flüssig sind, der Kanalisation zugeführt, während die festen Stoffe nach dem Kübelsystem beseitigt werden. Zur Erleichterung der Kehrichtabfuhr wurde im Jahre 1899 der Bau einer Kehrichtverbrennungsanstalt beschlossen, deren Betriebseröffnung allerdings erst im Jahre 1904 stattfinden konnte. Neben Schlacken wird in diesem Unternehmen auch elektrische Energie erzeugt und diese an Dritte als Kraftstrom abgegeben.

Zwecks Verwertung der Abfuhrstoffe als Düngemittel wird im Limmattal ferner ein landwirtschaftlicher Gutsbetrieb unterhalten (hauptsächlich Wiesenbau).

Ferner gehört zum Abfuhrwesen die im Jahre 1898 eröffnete thermische Abdeckerei und die im Jahre 1896 eingeführte Regiefuhrhalterei (1907: 33 Pferde).

Im ganzen beschäftigte das Abfuhrwesen Ende 1907: 143 Arbeiter.

9. An Schlachthäusern besitzt die Stadt zur Zeit drei öffentliche und 35 private Anstalten. Der Schlachthauszwang besteht nur für den ersten Stadtkreis (die Altstadt). Die Vorarbeiten für den Bau eines großen zentralen Schlachthofes begannen gleich nach der Stadterweiterung des Jahres 1893, und am 6. April 1898 legte der Stadtrat ein Projekt vor, dessen Ausführung 9,3 Millionen Fr. erfordert hätte. Das schien dem großen Stadtrate zu kostspielig und er wies die Vorlage daher an den Stadtrat zurück. Im Jahre 1902 einigte man sich endlich auf die Summe von 3,6 Millionen Fr. 1905 mußten weitere 200 000 Fr. bewilligt werden und auch dieser erhöhte Kredit wird voraussichtlich bei weitem nicht ausreichen.

10. Die Straßenverwaltung wird von zwei gesonderten Dienstabteilungen besorgt: der Straßenbau ist Sache des Tiefbauamtes, der Straßenunterhalt Sache des Straßeninspektorats.

Der Straßenbau geschah bis zum Jahre 1901 in der Hauptsache durch Unternehmer. Am 23. Oktober 1901 beschloß der Stadtrat im Interesse der Bekämpfung der Arbeitslosigkeit einen größeren Versuch mit Regiearbeiten auf dem Gebiete des Tiefbaues zu machen. Seither sind alljährlich eine Anzahl Arbeiten — abgesehen vom Straßenbau auch Friedhofanlagen und dergl. — im Regiebetriebe ausgeführt worden. Die Zahl der beschäftigten Arbeiter stieg zeitweise auf über 500.

Der Straßenunterhalt geschah, abgesehen von Fuhrleistungen, immer in Regie. Ende 1907 beschäftigte dieser Dienstzweig, zu dem auch der Unterhalt der Kanäle und öffentlichen Gewässer gehört, 338 Arbeiter. Das Gartenbauamt, dem der Unterhalt der Promenaden und Friedhöfe obliegt, zählte Ende 1907: 111 Arbeiter.

11. Auf dem Gebiete des Publikationswesens war mit der Stadterweiterung vom Jahre 1893 die Verwaltung der öffentlichen Plakatstellen in Regie eingeführt worden. Im Jahre 1903 beschloß der große Stadtrat, die Verpachtung grundsätzlich zuzulassen. Maßgebend für diesen Entschluß war die Erwägung, daß finanziell günstige Offerten von Unternehmern (bis 30 000 Fr. Pachtzins) vorlagen, während die Reineinnahmen aus dem Regiebetrieb bisher höchstens 6600 Fr. jährlich betragen hatten. Widerstand fand der auf grundsätzliche Zulassung der Verpachtung gerichtete Antrag des Stadtrates nur bei einigen sozialdemokratischen Ratsmitgliedern, doch mußten auch sie verstummen, als ein Redner aus ihrem eigenen Lager der Verpachtung mit der Begründung zustimmte, der private Unternehmungs-

geist solle der Stadt einmal „etwas vormachen“; falle es gut aus, so könne man wieder zum Regiebetriebe übergehen. Der Stadtrat verpachtete dann auf 1. Januar 1908 das Plakatwesen wirklich für die Dauer von zehn Jahren an eine Gesellschaft, in der Hauptsache gegen Übernahme folgender Verpflichtungen: jährlicher Pachtzins von 25 000 Fr. für die ersten fünf Jahre und von 27 500 Fr. für die folgenden fünf Jahre, Genehmigung des Anschlagstarifes durch den Stadtrat, Heimfall der Plakatstellen nach Vertragsablauf an die Gemeinde, Gleichstellung des Personals mit den städtischen Angestellten hinsichtlich Arbeitszeit und Minimallohn.

Mit der Frage, ob das städtische Amtsblatt durch eine eigene Druckerei herzustellen sei, beschäftigte man sich im Jahre 1893 angelegentlich. Ein Expertenbericht riet davon ab, da der Konkurrenzkampf mit den zwei bestehenden großen Anzeigeblättern „Tagblatt“ und „Tagesanzeiger“ für die Stadt zu einem Defizit von jährlich ungefähr 70 000 Fr. führen müsse. Der große Stadtrat zog es daher vor, mit dem „Tagblatt“ am 7. Oktober 1893 einen Vertrag abzuschließen, der im wesentlichen folgendes vorschrieb: unentgeltliche Aufnahme der amtlichen Bekanntmachungen, Mitteilung der Berichte über die Verhandlungen des Stadtrates und der Zentralschulpflege an das „Tagblatt“ in der Weise, daß diese Berichte daselbst zuerst erscheinen können, Maximalabonnementspreis von 6 Fr. jährlich, Arbeiterschutzbestimmungen (Koalitionsrecht, Regelung der Sonntagsarbeit, Zehnstundentag), unentgeltliche Abgabe des Blattes an die städtischen Behörden, jährliche Leistung an die Stadtkasse von 50 000 Fr. Durch einen Nachtragsvertrag vom 13. Dezember 1902 wurde die letztere Leistung auf 64 000 Fr. erhöht und die neunstündige Arbeitszeit für das Personal vorgeschrieben. Am 19. Oktober 1907 endlich wurde der Vertrag einer Totalrevision unterzogen, deren Ergebnis darin bestand, daß die jährliche Zahlung des „Tagblattes“ an die Stadtkasse auf 80 000 Fr. erhöht wurde, wogegen allerdings die unentgeltliche Aufnahme der amtlichen Bekanntmachungen eine Einschränkung erfuhr.

12. Nur der Vollständigkeit halber sei erwähnt, daß die Stadt eine Anzahl Fluß- und Seebadeanstalten betreibt und im weiteren seit dem Jahre 1900 ein Arbeitsnachweisbureau, seit dem Jahre 1906 auch einen Wohnungsnachweis besitzt.

13. An konzessionierten Gewerben sind, abgesehen von der auf der staatlichen Gesetzgebung beruhenden Reglementierung von Gewerben wie Gastwirtschaften, Plazierungsbureaus usw., zu nennen die Gewerbe der

Dienstmänner, der Droschkenführer, Schiffsvermieter und der Händler auf den öffentlichen Märkten[1]. Für die Dienstmänner und Droschkenführer setzt der Stadtrat die Zahl der Konzessionen fest. Die Konzessionsgebühren belaufen sich auf 5 Fr. jährlich für Dienstmänner, 20 Fr. für einspännige und 30 Fr. für zweispännige Droschken, 150—400 Fr. für Schiffsvermieter. Von den Händlern werden Standgelder erhoben. Den Dienstmännern, Droschkenführern und Schiffsvermietern sind auch die Taxen vorgeschrieben. Gedeckte Markthallen sind bis jetzt von der Stadt nicht errichtet worden, es sind aber solche in Aussicht genommen.

Zweiter Abschnitt.

Preispolitik und finanzielle Bedeutung.

I. Allgemeines.

Die erste Frage, die sich bei der Untersuchung der städtischen Preispolitik erheben muß, betrifft das bei den einzelnen Unternehmungen herrschende wirtschaftliche Prinzip. In dieser Beziehung bestehen drei Möglichkeiten: der Finanzzweck kann allein maßgebend sein oder doch vorherrschen, die Verwaltung kann mit der Absicht erfolgen, jedenfalls die Selbstkosten zu decken und das wirtschaftliche Moment kann so sehr im Hintergrund stehen, daß sich entweder ein bestimmtes Prinzip gar nicht feststellen läßt oder auf die Gewinnung von Einnahmen und Deckung der Kosten sogar ausdrücklich verzichtet wird.

In Zürich erfolgt die Verwaltung der Liegenschaften, der Häuser (mit einer sogleich zu nennenden Ausnahme) und der Forsten nach rein privatwirtschaftlichen Grundsätzen d. h. in der ausgesprochenen Absicht, einen Gewinn zu erzielen.

Bei der Wasserversorgung bestand ursprünglich eine solche Absicht nicht und der Gemeindebeschluß vom 4. September 1868 stellte sogar ausdrücklich den Grundsatz auf, daß das Unternehmen sich selbst erhalten, der Stadtkasse also weder Einnahmen noch Zuschüsse verursachen solle. Von

[1] Vgl. hierüber Verordnung, betr. das Dienstmännergewerbe vom 14. November 1908 (Beschlüsse und Verordnungen IX, 26); Droschkenordnung vom 11. Dezember 1897 (V, 279); Verordnung, betr. den Schiffsverkehr vom 5. April 1893 bis 17. Juli 1907 (I, 269, VIII, 152); Marktverordnung vom 3. Dezember 1908 (IX, 61).

diesem Prinzip wich man ab, als die Vereinigung mit den Ausgemeinden die Finanzlage zu einer etwas gespannten gestaltet hatte. Bei der Beratung des Budgets für das Jahr 1893 wurde der Posten Reinertrag der Wasserversorgung (109 400 Fr.) vom Referenten ohne Widerspruch damit begründet, daß damit grundsätzlich bekundet werden solle, daß das Unternehmen einen Ertrag abwerfen solle.

Mit Bezug auf das Gaswerk läßt sich, abgesehen von den Beweggründen der Kommunalisierung, aus dem Umstande, daß die Preisermäßigungen und sonstigen Erleichterungen jeweilen in erster Linie mit der Hebung des Absatzes begründet wurden [1] und daß über die Festsetzung des Leuchtgaspreises vom großen Stadtrate in den Jahren 1899—1906 im ganzen sechsmal [2] und zwar je nach der Finanzlage in verschiedenem Sinne Beschluß gefaßt worden ist, auf das Vorhandensein einer Gewinnabsicht schließen. Für die Gründung des Elektrizitätswerkes war, wie bereits gezeigt wurde, die Aussicht auf Gewinnung einer neuen Finanzquelle von mitbestimmender Bedeutung.

Über die Grundsätze, welche bei der Festsetzung des Tarifes der Straßenbahn maßgebend sein sollten, sprach sich die den Entwurf einer Taxordnung begleitende Weisung des Stadtrates vom 28. Oktober 1896 dahin aus, daß es sich vor allem darum handle, das Unternehmen finanziell so zu konsolidieren, daß das Netz erweitert und den Bedürfnissen der Volkskreise, deren Wohnstätte von ihrer Arbeitsstätte getrennt ist, entgegengekommen werden könne. Die Absicht der Verkehrsförderung stand also damals im Vordergrunde. Wir werden weiter unten sehen, daß dieser Gesichtspunkt später insofern nicht mehr allein maßgebend gewesen ist, als tatsächlich ein Unternehmergewinn erzielt wurde.

Als Unternehmungen, die auf dem Prinzip der Selbsterhaltung beruhen, sind zu nennen die Materialverwaltung [3] (soweit sie an kommunale Dienstzweige und nicht an Private liefert), und die im Jahre 1907 beschlossenen neuen Wohnhäuser im Industriequartier [4]. Ferner gehört das Abfuhrwesen insofern hierher, als für die Abfuhr des Hauskehrichtes ausdrücklich die Deckung der Selbstkosten vorgeschrieben ist (vergl. Verordnung betr. die Abfuhr des Hauskehrichtes vom 2. Dezember

[1] Vgl. hierüber z. B. die Weisungen vom 28. Juni 1899 und 18. Oktober 1905.

[2] Vgl. die Beschlüsse vom 28. Oktober 1899, 26. Januar 1901, 20. Dezember 1902, 26. November 1904, 17. Februar 1906 und 18. August 1906.

[3] Vgl. Reglement, betr. die Organisation der städtischen Materialverwaltung vom 23. August 1894 (Beschlüsse und Verordnungen III, 196).

[4] Gemeindebeschluß vom 21. April 1907.

1893 Art. 6) und als man bei der Errichtung der thermischen Abdeckerei und der Kehrichtverbrennungsanstalt von der Hoffnung ausging, zum mindesten keine Zuschüsse leisten zu müssen [1].

Mit Bezug auf die Badanstalten und Schlachthäuser läßt sich das Vorhandensein eines bestimmten Tarifgrundsatzes nicht feststellen. Für den neuen zentralen Schlachthof ist allerdings die Deckung der Selbstkosten durch die Gebühren in Aussicht genommen.

Arbeitsamt und Wohnungsnachweis sind aus rein gemeinnützigen Gründen geschaffen worden und vermitteln ihre Dienste in der Hauptsache unentgeltlich.

II. Die Preispolitik der einzelnen Unternehmungen.

Einer näheren Erörterung bedürftig sind nur die Preisfestsetzungen derjenigen Betriebe, bei welchen nicht, wie bei der Vermietung von Häusern, der Abgabe von Materialien, von Holz und dergl. an Private, die Umstände des einzelnen Falles entscheiden, sondern allgemeine Regeln, Tarife, bestehen.

1. Bei der Festsetzung des Tarifes für die Wasserlieferung nahm man nach der Vereinigung mit den Ausgemeinden die Preise auf, zu welchen bisher den Vororten das Wasser geliefert worden war. Für letztere brachte also das „Reglement für die Abgabe von Brauch- und Quellwasser in Privatgrundstücke" vom 17. Februar 1894 keine Veränderung, während die Altstadt mit einer Preiserhöhung von ungefähr 20% bedacht wurde. Aus dem Inhalt des eben genannten Reglementes ist in erster Linie hervorzuheben, daß das Wasserwerk nur mit Grundeigentümern Abonnementsverträge abschließt. Der „Wasserzins" ist also eine Abgabe, die zunächst nur die Hausbesitzer trifft. Grundlage für die Höhe dieses „Zinses" ist nach dem Tarif vom Jahre 1894 ein fixer Betrag, der sog. Minimalzins, der bei Häusern, Gärten und Höfen sich nach der Zahl der Räume bezw. der Flächenausdehnung, bei Motoren nach der Zahl der Pferdekräfte, bei Aufzügen außerdem auch nach der Förderhöhe bemißt [2].

---

[1] Vgl. Weisungen vom 8. April 1897 und 9. Juli 1902.

[2] Minimalzins für Häuser 3 Fr. jährlich pro Raum, 1½ Fr. für Räume unter 5 m^2 Flächeninhalt und Abtritte ohne Wasserspülung; für Gärten und Höfe 3 Fr. für je 100 m^2; für Gewerbe mit starkem Wasserbedarf erhöht sich der Minimalzins um mindestens 5 Fr. pro Raum bzw. pro 100 m^2; Motoren zahlen 25 Fr. für eine ¼pferdige, 50 Fr. für eine ½pferdige, 100 Fr. für eine ganzpferdige Anlage, Aufzüge 25 Fr. pro Pferdekraft und 2 Fr. pro Meter Förderhöhe.

Der Minimalzins ist unter allen Umständen zu bezahlen. Indessen wird der Wasserverbrauch eines jeden Abonnenten gemessen zu dem Zweck, denselben zur Bezahlung des Quantums zu veranlassen, welches den dem Minimalzins entsprechenden Verbrauch übersteigt. Diese Verbrauchstaxe beträgt 15, 12 oder 9 Rp. pro m^3 je nach der Höhe des Konsums bezw. 60 Fr. jährlich pro Minutenliter bei Bezug von Wasser in festbegrenztem Zufluß bezw. 50 oder 35 Rp. pro Bruttopferdekraft und Stunde je nach der Höhe des Verbrauches für Triebkraft. Die Kosten der Zuleitungseinrichtungen fallen innerhalb der Eigentumsgrenze gänzlich zu Lasten des Abonnenten, an die Kosten des Anschlusses an die Hauptleitung und der seitlichen Leitung bis zur Eigentumsgrenze hat er einen Beitrag zu leisten. Der Wassermesser wird von der Stadt angeschafft und unterhalten.

Dies sind die wesentlichen Bestimmungen des Tarifes vom Jahre 1894. Sie erwiesen sich, wie im folgenden Unterabschnitt noch näher dargetan werden wird, als in finanzieller Beziehung so günstig, daß um das Jahr 1905 mit der Möglichkeit einer auf Herabsetzung des Wasserpreises gerichteten Bewegung gerechnet werden mußte. Am 14. Januar 1905 faßte der große Stadtrat anläßlich der Behandlung des Budgets für dieses Jahr folgende Beschlüsse: Erhöhung des Beitrages an die Kosten der allgemeinen Verwaltung von 15 000 Fr. auf 30 000 Fr., Erhöhung des fixen Beitrages an den Straßenunterhalt von 50 000 Fr. auf 60 000 Fr. und Erhöhung der Entschädigung pro Kilometer, unentgeltliche Abgabe des Wassers für öffentliche Zwecke, Erhöhung des Zinsfußes für das dem investierten Kapital entsprechende Guthaben des Gemeindegutes von 4¹/₄ % auf 4¹/₂ %, Erhöhung des Beitrages an den städtischen Pensionsfonds von 5 % des Reingewinns auf 8 %. Der Zweck dieser Belastung bestand nach der diplomatischen Äußerung des Kommissionsreferenten darin, „den Reingewinn nicht höher erscheinen zu lassen, als er tatsächlich sei". Der Beschluß war zwar nicht ohne Widerspruch ergangen, indessen genügte der Hinweis darauf, daß eine allfällige Ermäßigung des Wasserzinses nur den Hausbesitzern und nicht etwa dem konsumierenden Publikum zugute käme, um die Mehrheit zur Zustimmung zu bewegen.

Bei der Beratung des Budgets für das Jahr 1906 kam es in der Sitzung vom 27. Januar 1906 zu einem neuen, diesmal erfolgreichen Vorstoß der Anhänger einer Ermäßigung des Wasserzinses. Der Streit drehte sich zwar zunächst nur um die Frage, ob die günstige Finanzlage zu einer Herabsetzung des Leuchtgaspreises oder der Liegenschaftensteuer benützt werden solle, der Entscheid fiel aber schließlich dahin aus, daß beide Fragen verneint wurden und dem Stadtrate aufgegeben wurde, eine Vorlage über eine allgemeine Reduktion der Tarife für Gas, Wasser und Elektrizität einzubringen.

Am 28. April bis 30. Mai 1906 entledigte sich der Stadtrat dieses Auftrages mit Bezug auf den Wasserpreis in der Weise, daß er eine Herabsetzung des Minimalzinses für Haus, Hof und Gärten von 3 Fr. pro Raum bezw. 100 m² auf 2,50 Fr. beantragte.

Der Vorschlag stieß im großen Stadtrate, der eben noch selbst eine Herabsetzung verlangt hatte, auf entschiedenen Widerstand. Finanzielle Bedenken — der Stadtrat hatte einen Einnahmeausfall von 150 000 Fr. jährlich in Aussicht gestellt — und die Erwägung, daß die Hausbesitzer einer solchen Entlastung nicht bedürftig seien, führten am 3. November 1906 zur Ablehnung der beantragten Preisermäßigung. Unter dem gleichen Datum wurde das „Reglement" vom Jahre 1894 einer Revision unterzogen, die indessen nur zu einigen Neuerungen von sekundärer Bedeutung führte[1].

2. Die Preispolitik des Gaswerkes bietet insofern das größte Interesse, als ihr wesentlichster Teil, der Kampf um den Gaspreis, schon bald nach der Vereinigung der Altstadt mit den Ausgemeinden seinen Anfang nahm und nach wechselvollen Ereignissen erst in jüngster Zeit zum Abschluß gekommen ist.

Das „Reglement für die Abgabe von Gas in Privatgrundstücke" vom 17. Februar 1894 setzte den Preis des Leuchtgases auf 25 Rp. pro m³, und den des technischen Gases auf 20 Rp. pro m³ fest. Größeren Konsumenten räumte es Rabatte von 4—8 % ein und bestimmte ferner, daß in Räumen, in denen technisches Gas zur Verwendung kommt wie z. B. in Badezimmern, eine zugehörige Leuchtflamme zum Preise des technischen Gases gebrannt werden dürfe. Mit Bezug auf die Kosten der Einrichtung war bestimmt, daß die Zuleitungskosten zu Lasten der Konsumenten fallen, denen das Werk immerhin einen Beitrag leisten könne, daß die Gasmesser zu kaufen oder zu mieten seien, sofern es sich nicht um Konsumenten mit einem jährlichen Verbrauch von mindestens 200 m³ technischem Gas handle.

Die Bestrebungen zur Einführung eines billigeren Gaspreises begannen schon im Jahre 1896. Anfänglich war es hauptsächlich der Hinweis auf

---

[1] In Zukunft sollen die Hausbesitzer in besonderen Fällen auch zu Beiträgen an die Kosten der Erstellung des Hauptleitungsnetzes herangezogen werden können. Die besondere Verbrauchstaxe für Motoren und Aufzüge wurde durch die allgemeine Verbrauchstaxe ersetzt. Der Preis des Minutenliters bei Wasserbezug in festbegrenztem Zufluß wurde auf 50 Fr. herabgesetzt.

die Interessen des Kleingewerbes, mit welchem für die Herabsetzung des Preises für technisches Gas eingetreten wurde, später, als die Verwendung des Kochgases immer allgemeiner wurde, regten sich auch die Konsumenten des letzteren. Als die neue Gasfabrik dem Betriebe übergeben war und der Einwand, daß eine wesentliche Steigerung des Konsums ihre Schranken an der Leistungsfähigkeit der vorhandenen Anlagen finden müsse, nicht mehr erhoben werden konnte, ließ sich die Bewegung nicht mehr aufhalten und es erfolgte am 28. Oktober 1899 der Erlaß eines neuen Reglementes. Die wichtigste Neuerung bestand darin, daß der Preis des technischen Gases vom 1. Juni 1900 an nur noch 17½ Rp., der des Leuchtgases vom 1. Juni 1901 an nur noch 22½ Rp. pro m^3 betragen sollte. Eine weitere Vergünstigung wurde durch die Vorschrift geschaffen, daß die Zahl der Leuchtgasflammen, die an einen Gasmesser für technisches Gas angeschlossen werden konnten, auf vier erhöht wurde, und daß die Verwendung solcher Flammen gegen Bezahlung eines Zuschlages von 5 Fr. jährlich pro Flamme auch in anderen Räumen als nur in Küchen, Badezimmern u. dergl. sollte stattfinden können. Eine bedeutende Erleichterung war schließlich die im Interesse der Hebung des Konsums aufgestellte Bestimmung, daß die Erstellung der Zuleitungen auf Kosten der Stadt erfolgen solle, sofern das betreffende Haus an einer Straße liege, in der sich schon eine Hauptleitung befindet und sofern der Hauseigentümer für fünf Jahre einen Mindestverbrauch von 200 m^3 jährlich für jede Wohnung oder eine entsprechende Zahlung garantiere. Endlich sollten die Gasmesser in Zukunft in allen Fällen unentgeltlich aufgestellt werden. Die Wirkungen der Tarifreform entsprachen durchaus den Erwartungen: die Zahl der Abonnenten für technisches Gas stieg von 7567 im Jahre 1899 auf 10 364 im Jahre 1900. Über die Frage dagegen, wie die Herabsetzung des Leuchtgaspreises wirken werde, konnten zunächst keine Erfahrungen gemacht werden, da die auf 1. Juni 1901 beschlossene Ermäßigung nicht in Kraft treten sollte. Am 1. Dezember 1900 beantragte der Stadtrat nämlich, bis zum 1. Juni 1902 noch den alten Preis von 25 Rp. bestehen zu lassen, da statt des erwarteten Rückganges der Kohlenpreise eine Steigerung um fast 10 % eingetreten sei und die Mindereinnahme unter diesen Umständen bei Aufrechterhaltung des Beschlusses vom 28. Oktober 1899 sich pro 1901 auf 64 000 Fr., pro 1902 auf 150 000 Fr. belaufen werde. Ohne wesentlichen Widerspruch schloß sich der große Stadtrat diesem Vorschlage an und verlängerte später die Dauer der Suspension noch bis 1. Juni 1904. Als dann aber die Kommission, welche das Budget für das Jahr 1904 vorbereitet hatte, entgegen dem Antrage des Stadtrates die Preisermäßigung auf unbestimmte

Dauer vertagen wollte, regte sich in der Sitzung des großen Stadtrates vom 19. Dezember 1903 die Opposition ziemlich energisch. Man wies auf die große Differenz in den Preisen für technisches Gas und für Leuchtgas hin und wehrte sich namentlich gegen die Auffassung, daß die in Aussicht stehende Erhöhung der direkten Staatssteuern von Einfluß sein solle auf die Preispolitik der kommunalen Betriebe. Allein umsonst. Die Befürchtung, es könnte zu der erhöhten Staatssteuer auch noch eine Erhöhung der Gemeindesteuer kommen, war so mächtig, daß nicht nur der Kommissionsantrag durchging, sondern der Stadtrat überdies eingeladen wurde, eine Vorlage zu machen zur definitiven Festsetzung des Leuchtgaspreises auf 25 Rp. Das geschah und am 26. November 1904 wurde wirklich der Preis wieder definitiv auf 25 Rp. angesetzt. Noch entschiedener trat die Tendenz zu vorwiegend fiskalischen Verwaltungsmaximen zu Tage, als am 14. Januar 1905 der Beitrag des Werkes an die Kosten der allgemeinen Verwaltung von 25000 Fr. auf 40000 Fr., die Verzinsung der Vorschüsse der Stadtkasse von $4^{1}/_{4}$ % auf $4^{1}/_{2}$ % erhöht und überdies beschlossen wurde, daß die bisher bezahlte Lieferung des Gases an die Stadtverwaltung (inkl. öffentliche Beleuchtung) in Zukunft unentgeltlich erfolgen solle. Der letztere Beschluß bedeutete für das Gaswerk pro 1905 eine Belastung mit 365000 Fr., pro 1906 eine solche mit 376000 Fr. und pro 1907 eine solche mit 395000 Fr.

Einige kleinere Erleichterungen wollte man den Konsumenten immerhin zugestehen. So beschloß der Stadtrat am 27. April 1904 die Einführung von Gasautomaten (750 Liter Leuchtgas und 1060 Liter Kochgas für 20 Rp.) und schlug ferner mit Weisung vom 18. Oktober 1905 einige Verbesserungen bezüglich der Kosten der Zuleitung und bezüglich der Zuschlagsflammen vor. Das auf Grund dieser Vorschläge erlassene neue Reglement vom 17. Februar 1906 schließt die Erstellung der Zuleitungen auf Kosten der Stadt nur insoweit aus, als die Länge derselben, von der Straßengrenze aus gemessen, mehr als 15 Meter beträgt. Die Zahl der Leuchtgasflammen, die an einen Koch- oder Heizgasmesser angeschlossen werden dürfen, wurde auf im ganzen sechs erhöht und der Zuschlag pro Flamme auf 3 Fr. jährlich ermäßigt. Am 28. April 1906 erfolgte dann gemäß dem schon erwähnten Beschluß des großen Stadtrates vom 27. Januar 1906 betreffend allgemeine Herabsetzung des Preises für Gas, Wasser und Elektrizität der Antrag des Stadtrates auf Ermäßigung des Leuchtgaspreises auf $22^{1}/_{2}$ Rp. Mit der Annahme dieses Antrages durch den großen Stadtrat hatte der jahrelange Kampf um den Leuchtgaspreis am 18. August 1906 sein Ende erreicht.

Mit Bezug auf die Preispolitik gegenüber den Nachbargemeinden ist nur soviel zu bemerken, daß die Lieferung gemäß den Verträgen durchweg zum Preise von 18 Rp. pro m^3 erfolgt und daß diese auf dem allgemeinen Leuchtgaspreis von 22$^1/_2$ Rp. berechnete Taxe auch aufrechterhalten wurde, als jener infolge der geschilderten Vorgänge viel länger als man erwartet hatte, auf 25 Rp. belassen wurde [1].

3. Die Preispolitik des Elektrizitätswerkes litt anfangs unter einer gewissen übermäßigen Ängstlichkeit in Bezug auf das finanzielle Ergebnis des Unternehmens. In dem Geschäftsbericht für das Jahr 1893 wurde darauf hingewiesen, daß sich die Selbstkosten der Hektowattstunde (inkl. Amortisation und Verzinsung) auf 9,8 Rp., die mittleren Einnahmen (einschl. Grundtaxe) dagegen nur auf 9,6 Rp. beliefen und daß der erzielte Reingewinn daher lediglich dem Installationsgeschäft zu verdanken sei. Da man aber bald erkannte, daß eine Verbesserung des finanziellen Ergebnisses vor allem durch eine Steigerung der Ausnützung der Anlage erstrebt werden müsse, beschloß der große Stadtrat schon am 9. Dezember 1893 die Grundtaxe, die bisher für Glühlampen 10 Fr., für Bogenlampen 25 Fr. jährlich betragen hatte, auf 5 Fr. bezw. 15 Fr. herabzusetzen. Bei der definitiven Regelung des Tarifes durch das „Reglement für die Abgabe von elektrischem Strom in Privatgrundstücke" vom 17. Februar 1894 wurden diese Grundtaxen beibehalten, die Konsumtaxe wie bisher auf 7 Rp. pro Hektowattstunde festgesetzt, Rabatte von 3 % bis 15 % für größere Konsumenten vorgesehen und für die Lieferung von technischem Strom besondere Vereinbarungen vorbehalten. Die Elektrizitätszähler waren zu kaufen oder zu mieten, die Abzweigungen von der Straßenleitung bis zum Hauptschalter auf Kosten des Abonnenten, dem das Werk hieran einen Beitrag leisten konnte, zu erstellen.

Einen weiteren Schritt auf dem Wege der Politik, durch Ermäßigung des Tarifes eine Steigerung des Konsums und damit eine Herabsetzung der allgemeinen Unkosten zu erzielen, bedeutete der Stadtratsbeschluß vom 28. Juli bis 8. Dezember 1894 über die Bedingungen der Abgabe von Strom für technische Zwecke. Motoren (bis zu 10 HP) sollte während der Tagesstunden der Strom zum Preise von 4,5 Rp. pro Hektowattstunde zur Verfügung stehen.

Mit Hilfe dieser Maßnahmen gelang es in der Tat, die Selbstkosten pro Hektowattstunde auf 7,8 Rp. im Jahre 1894 und 6,5 Rp. im Jahre 1895

[1] Durch Beschluß des großen Stadtrates vom 2. März 1907 wurde den Nachbargemeinden überdies ein Rabatt von 10—20 % gewährt.

herabzudrücken. Man entschloß sich daher, noch energischer auf diesem Wege weiterzuschreiten. Am 5. September 1896 wurde ein neues Reglement erlassen, dessen wichtigste Neuerung darin bestand, daß die Grundtaxe gänzlich abgeschafft wurde. Ferner wurde die Auswechslungstaxe für die Glühlampen (bisher 1,10 Fr.) aufgehoben und eine neue Rabattskala mit einem Rabattmaximum von 20 % aufgestellt[1]. Zur Kompensation des durch diese Maßnahmen voraussichtlich entstehenden Ausfalls in den Einnahmen wurde die Konsumtaxe für Lichtstrom von 7 Rp. auf 8 Rp. pro Hektowattstunde erhöht.

Die Wirkungen der Tarifreform übertrafen die kühnsten Erwartungen: die Zahl der Abonnenten stieg von 1895 auf 1896 um 45 %, von 1896 auf 1897 um 33 % und von 1897 auf 1898 nochmals um 21 %. Es lag klar zutage, daß die beste Finanzpolitik hier in der Verbilligung der Tarife bestanden hatte; denn auch der Reingewinn schnellte, wie unten näher darzutun sein wird, rasch empor.

Mit Bezug auf den Kraftstrompreis wurde die Methode, durch möglichst billige Tarife einen Kundenkreis für die projektierte große Kraftversorgungsanlage anzuwerben, fortgesetzt. Am 1. Februar 1902 beschloß der große Stadtrat, namentlich auch im Interesse der Konkurrenzfähigkeit des Kleingewerbes, eine Herabsetzung des Kraftstrompreises von 45 Rp. pro Kilowattstunde auf 30 Rp. und am 27. Juni 1903 wurde, nachdem inzwischen der Vertrag über die Miete von Kraftstrom mit der Aktiengesellschaft „Motor" perfekt geworden war, ein neuer „Tarif für die Stromabgabe zu technischen Zwecken" erlassen, der den Preis pro Kilowattstunde auf 10 Rp. bis 25 Rp. je nach Höhe des Konsums festsetzte, daneben noch einen Rabatt nach Maßgabe der Gebrauchsdauer einführte und die Beschränkungen der täglichen Betriebszeit für die an das Kraftnetz angeschlossenen Motoren aufhob.

Die günstigen finanziellen Ergebnisse des Unternehmens (Reingewinn über Verzinsung und Abschreibungen hinaus inklusive Verwendungen für den Pensionsfonds 1903 rund 243 000 Fr., 1904 rund 273 000 Fr.) legten der Kommission, die das Budget für das Jahr 1905 vorzubereiten hatte, den Gedanken nahe, auch hier durch einige Belastungen der Betriebsrechnung allfälligen Wünschen nach weiteren Preisherabsetzungen entgegenzutreten. Sie schlug daher vor, es sei der Beitrag an die Kosten der allgemeinen Verwaltung von 12 000 Fr. auf 25 000 Fr. zu erhöhen, ebenso die Beiträge an die Kosten des Straßenunterhaltes von 100 Fr. pro Kilometer der be-

[1] Konsumenten mit einem Verbrauch von mehr als 20 000 Fr. sollte ein noch höherer Rabatt gewährt werden können.

stehenden Leitung auf 150 Fr., ebenso der Zinsfuß für das Anlage- und Betriebskapital von 4¼ % auf 4½ %; sodann sollte nach dem Vorschlag der Kommission der elektrische Strom in Zukunft für öffentliche Zwecke unentgeltlich abgegeben werden und 8 % des Reingewinns dem Pensionsfonds zugeführt werden. Am 14. Januar 1905 schloß sich der große Stadtrat diesen Anträgen an. Der Reingewinn sank hierauf wieder auf 233 000 Fr. im Jahre 1905. Indessen nötigte der schon oben erwähnte Beschluß des großen Stadtrates vom 27. Januar 1906 den Stadtrat, nun auch der Herabsetzung des Lichttarifes näherzutreten. Am 28. April bis 30. Mai 1906 erfolgte die Vorlage des Entwurfes zu einem neuen Reglement. Die wesentlichste Neuerung desselben bestand in einer Herabsetzung des Kilowattstundenpreises von 80 Rp. auf 70 Rp. im Winter und 60 Rp. im Sommer; bei höherem Konsum als 2000 Kilowattstunden ermäßigte sich der Preis bis auf 50 Rp. Der Zweck der Differenzierung des Tarifes nach der Jahreszeit bestand, wie die Weisung ausführte, darin, daß gewisse Konsumenten wie z. B. Gastwirte veranlaßt werden sollten, im Sommer elektrisches Licht, im Winter dagegen Gaslicht zu verwenden. Eine weitere Erleichterung des Konsums bedeutete der Vorschlag, den Mietzins für die Elektrizitätszähler denjenigen Abonnenten zu erlassen, die mehr als 50 Fr. Konsumtaxe bezahlten. Nachdem der große Stadtrat diesen Anträgen am 18. August 1906 mit der einzigen Änderung zugestimmt hatte, daß der Mietzins für die Elektrizitätszähler für die kleinen Abonnenten von 6 Fr. auf 4 Fr. herabgesetzt wurde, trat der neue Tarif am 1. Oktober 1906 in Kraft. Seine Wirkungen waren wiederum recht günstig, indem der Konsum von Beleuchtungsstrom durch Private im Jahre 1907 um 20 % zunahm und die Mehreinnahme hieraus den Ausfall, den die Preisermäßigung herbeigeführt hatte, vollständig deckte.

Zum Schlusse der Darstellung der Preispolitik des Elektrizitätswerkes sei auf den Vertrag hingewiesen, der am 16. bis 21. Oktober 1907 zwischen der Stadt und dem Kanton Zürich abgeschlossen worden ist. Der Vertrag bezweckt in der Hauptsache, dem Kanton, der neuerdings ebenfalls ein Elektrizitätswerk geschaffen hat, mietweise elektrische Energie aus dem projektierten Albulawerk zuzuführen. Er enthält aber außerdem einige Bestimmungen, die beweisen, daß auch öffentlich-rechtliche Körperschaften bei der Verwaltung ihrer Erwerbsunternehmungen von den modernen Tendenzen der wirtschaftlichen Entwicklung beeinflußt werden. Der Artikel 3 der Übereinkunft grenzt nämlich die Interessensphären der beiden Kontrahenten in der Weise ab, daß der Stadt die Lieferung der elektrischen Energie in ihr eigenes Gebiet, in einem gewissen Umkreis um dieses sowie an städtische Anstalten außerhalb derselben und an interurbane Straßenbahnlinien zufällt, während der Kanton außerhalb dieser Grenzen von der Konkurrenz der Stadt befreit ist. Diese Verteilung des Absatzgebietes soll noch während 20 Jahren nach Ablauf des Vertrages, der auf fünf Jahre fest mit nachheriger jederzeitiger Kündigung auf 18 Monate abgeschlossen ist, in Geltung bleiben.

4. Der Preispolitik der städtischen Straßenbahn sind, im Gegensatz zu derjenigen der anderen industriellen Betriebe, von Staats wegen Schranken gesetzt: die Bundeskonzession vom 26. März 1897, auf welcher das Unternehmen basiert, bestimmt in Artikel 14, daß die Transporttaxe für den ersten Kilometer höchstens 10 Rp. und für jeden weiteren Kilometer höchstens 5 Rp. betragen dürfe und daß Abonnementsbillete zu ermäßigten Preisen abzugeben seien. Eine Ermäßigung der Fahrgelder hat gemäß Artikel 17 stattzufinden, wenn das Unternehmen drei Jahre nacheinander einen 6 % übersteigenden Reingewinn abgeworfen hat.

Der Entwurf zu einem Straßenbahntarif wurde dem großen Stadtrate am 28. Oktober 1896 vom Stadtrate vorgelegt. In der begleitenden Weisung wurde darauf hingewiesen, daß die Stadt infolge des teueren Rückkaufs beim Betrieb der Pferdebahnlinien ein doppelt so hohes Anlagekapital werde verzinsen müssen als die Gesellschaft, daß der Umbau für den elektrischen Betrieb das Konto der zu amortisierenden Verwendungen um bedeutende Summen vermehren werde, und daß die elektrische Straßenbahn Zürich mit ihren bisherigen Taxen keine volle Verzinsung des Kapitals habe erzielen können. Der Entwurf brachte daher mit Bezug auf die Einzelbilletts gegenüber dem Tarif der Pferdebahn (10 Rp. für die erste Taxstrecke, 5 Rp. für jede weitere, Maximum 25 Rp.) keine Ermäßigung; dagegen erhielten die Fahrgäste auf den Linien der elektrischen Straßenbahn für kürzere Strecken allerdings eine Ermäßigung von 15 Rp. auf 10 Rp. Mit Bezug auf die Abonnementskarten brachte der Entwurf gegenüber den Preisen der Pferdebahn sogar eine Erhöhung, indem er die Taxe pro Fahrt (ohne Rücksicht auf deren Länge) auf $12^1/_2$ Rp. fixierte, während sie bisher nur 10 Rp. betragen hatte; die neue Taxe blieb immerhin noch unter derjenigen der elektrischen Straßenbahn, welche — je nach der Zahl der Fahrten — $12^1/_2$ bis ca. 14 Rp. pro Fahrt betragen hatte. Allerdings stand jener Preiserhöhung die Wertsteigerung gegenüber, die das Abonnement durch die Ausdehnung seines räumlichen Geltungsbereiches und durch die Bestimmung erfuhr, daß es in Zukunft von mehreren Personen gleichzeitig sollte benützt werden können. Eine wichtige Neuerung des Entwurfes bestand in der Einführung der Streckenabonnements, d. h. in

Abonnements, mit denen man zwischen zwei bestimmten Punkten des Netzes auf kürzestem Wege die Fahrt um den Preis von 10 Rp. sollte zurücklegen können. Neu waren auch die im Entwurf vorgesehenen Abonnements auf Zeit, die auf die Person lauten, an keine räumlichen Schranken gebunden und 36 Fr. (3 Monate) bzw. 70 Fr. (6 Monate) bezw. 130 Fr. (12 Monate) kosten sollten.

Die „Transportordnung" vom 28. April 1897, die auf Grund des stadträtlichen Entwurfes aus den Beratungen des großen Stadtrates hervorging, wies gegenüber jenem einige Änderungen auf, die vom Standpunkt des Publikums aus teils Verbesserungen, teils Verschlechterungen waren. Eine Verbesserung war die Herabsetzung des Maximums der Taxe für eine Einzelfahrt von 25 Rp. auf 20 Rp. und die Ermäßigung des Preises der Streckenabonnements von 5 Fr. für 50 Fahrten auf 4 Fr. Eine Verschlechterung dagegen bedeutete die Vorschrift, daß die Streckenabonnements nur für Frühfahrten (vor 7 Uhr morgens im Sommer, vor 8 Uhr im Winter) sollten verwendet werden dürfen. Die Abonnements auf Zeit wurden gestrichen.

Die neue Taxordnung trat am 1. Februar 1898 in Kraft und bewirkte alsbald eine erhebliche Verschiebung in den Transportverhältnissen: die Zahl der Abonnementsfahrten, die im Jahre 1897 noch 15,72 % sämtlicher Fahrten betragen hatte, stieg auf 27,28 % und die Einnahmen aus dem Verkauf der Abonnementskarten stiegen von 12,96 % der Gesamteinnahmen auf 26,03 %. Die Beliebtheit der Abonnements wurde sogar so groß, daß durch einen am 6. Mai 1899 beschlossenen Nachtrag zur Transportordnung besondere Maßnahmen zur Verhütung von Mißbräuchen eingeführt werden mußten. Gleichzeitig erfolgte nun auch die Einführung der Abonnements auf Zeit (Preise: 135 Fr. für die Jahres-, 70 Fr. für die Halbjahres- und 40 Fr. für die Vierteljahrskarte).

Die in Anbetracht der oben erwähnten Lasten infolge Rückkauf, Umbau und Bau neuer Linien von geringerer Frequenz nicht ungünstige Finanzlage des Unternehmens veranlaßte den Stadtrat am 21. Mai bis 11. Juni 1902 Vorschläge zu einer Reform des Tarifes zu machen. Die Hauptpunkte der Reform sollten sein: Übergang vom Streckentarifsystem zum Zonentarifsystem unter Erhöhung des Wertes der Zoneneinheit gegenüber der Streckeneinheit, Übertragung der Tarifansätze für Einzelfahrten und allgemeine Abonnements von der Streckeneinheit auf die Zoneneinheit, Erstreckung des zeitlichen Geltungsbereiches der Abonnements für Frühfahrten im Winter bis morgens 8½ Uhr und Ermäßigung des Preises dieser Abonnements von 4 Fr. auf 3 Fr.

Der Mehrheit des großen Stadtrates gingen diese Vorschläge nicht weit genug. Man warf der Vorlage vor, sie trage kapitalistischen Charakter, lasse sich zu sehr von finanziellen Rücksichten und zu wenig von Rücksichten auf die Verkehrsbedürfnisse speziell des kleinen Mannes leiten. Die Abonnementspreise seien immer noch zu hoch, die Streckenabonnements seien mit Gültigkeit auch für Fahrten über Mittag zu versehen, es seien Monatskarten mit unbeschränktem zeitlichen und örtlichen Geltungsbereich à 10 Fr. einzuführen usw. Das Ergebnis der Beratungen bestand schließlich darin, daß der Preis der Streckenabonnements zwar gemäß dem Entwurfe des Stadtrates auf 3 Fr. für 50 Fahrten festgesetzt, daß dagegen die Gültigkeit dieser Karten auch für den Sommer noch um eine halbe Stunde (bis 7½ Uhr morgens) erstreckt wurde und daß der Preis der Abonnements für Fahrten innerhalb einer einzigen Zone von 2,50 Fr. auf 2,25 Fr. für 25 Fahrten und der der Abonnements auf Zeit auf 60 Fr. pro Halbjahr und 30 Fr. pro Vierteljahr herabgesetzt wurde. (Taxordnung für die städtische Straßenbahn vom 25. September 1902.) Die Wirkung der neuen Taxordnung zeigte sich in einer weiteren starken Zunahme der Bedeutung der Abonnementsfahrten: von 32,51 % der Gesamteinnahmen im Jahre 1902 stiegen die Einnahmen hieraus auf 34,16 % im Jahre 1903 und weiter bis auf 38,56 % im Jahre 1906.

Die mehrfach erwähnten Anträge der Budgetkommission für das Jahr 1905 betreffend Erhöhung der Leistungen der öffentlichen Betriebe an die Stadtkasse hatten in der Sitzung des großen Stadtrates vom 14. Januar 1905 mit Bezug auf das Straßenbahnwesen nur einen beschränkten Erfolg: der Erhöhung der Verzinsung des Anlagekapitals von 4 % auf 4½ % wurde zugestimmt, die Steigerung der Beiträge an die allgemeine Verwaltung und an die Kosten des Straßenunterhaltes dagegen abgelehnt mit der Begründung, daß die Straßenbahn in erster Linie den Verkehrsinteressen dienen und erst in zweiter Linie eine Finanzquelle bilden solle.

5. Von den Dienstabteilungen des Abfuhrwesens bedürfen die thermische Abdeckerei, die Kehrichtverbrennungsanstalt und der landwirtschaftliche Gutsbetrieb, die alle die Preise ihrer Produkte nach der Marktlage zu bemessen haben, keiner näheren Betrachtung. Dagegen ist mit Bezug auf den eigentlichen Abfuhrdienst folgendes zu bemerken:

Die Taxe für die Abfuhr des Hauskehrichtes wird nach der Verordnung vom 2. Dezember 1893 alljährlich durch das Budget festgesetzt und zwar in der Höhe der Selbstkosten. Sie ist vom Hauseigentümer nach Maßgabe der Zahl der Räume zu entrichten, dem indessen ein Rückgriffsrecht auf den Mieter zusteht.

Hinsichtlich der Abfuhr der Exkremente besteht, wie aus der Begründung verschiedener Taxfestsetzungen hervorgeht, gleichfalls das Bestreben, die Selbstkosten zu decken [1].

6. Die Gebühren für die Benützung der Schlachthäuser sind seit dem Jahre 1893 im wesentlichen unverändert geblieben [2].

Von den Badanstalten stehen drei ständig, vier weitere zu gewissen Zeiten unentgeltlich zur Benutzung offen. Im übrigen werden Gebühren erhoben (vergl. Verordnung betr. die Badanstalten der Stadt Zürich vom 28. Februar 1906).

Der Wohnungsnachweis ist unentgeltlich, der Nachweis von Arbeit insoweit, als es sich nicht um auswärtige Arbeitgeber handelt.

III. Finanzielle Bedeutung.

Der Ertrag der fiskalischen Liegenschaften der politischen Gemeinde (einschl. Waldungen) belief sich nach einer amtlichen Berechnung [3] seit dem Jahre 1893 auf folgende Nettobeträge:

Jahr	Ertrag Fr.	Jahr	Ertrag Fr.	Jahr	Ertrag Fr.
1893	ca. 120 000	1898	136 230	1903	257 256
1894	„ 125 000	1899	176 633	1904	263 706
1895	„ 125 000	1900	238 528	1905	333 797
1896	130 674	1901	290 102	1906	326 239
1897	135 851	1902	243 485	1907	351 489

In Prozenten berechnet belief sich der Ertrag der Gebäude nach der erwähnten amtlichen Publikation im Jahre 1907 auf 3,57 %, derjenige der Liegenschaften überhaupt auf 1,25 %. Die Niedrigkeit der letzteren Ziffer hat nichts Auffälliges; es liegt in der Natur der Sache, daß die Resultate der städtischen Bodenpolitik sich nicht sofort in Zinserträgnissen zeigen, sondern erst nach Ablauf eines gewissen Zeitraums überblickt werden

[1] Siehe hierüber auch „Verordnung betr. die Abfallstoffe“ vom 13. Juli 1895 (Beschlüsse und Verordnungen IV, 295).

[2] Siehe hierüber „Verordnung betr. die Benutzung und Verwaltung des Schlachthauses an der Sihl“ vom 24. Mai 1893 (II, 36) und „Verordnung betr. die Benutzung und Verwaltung des Schlachthauses in der Walche“ vom 7. November 1893 (II, 144) und Stadtratsbeschluß vom 24. Oktober 1895 (IV, 219).

[3] Vgl. „Die Finanzen der Stadt Zürich. Entwicklung in den Jahren 1903 bis 1907.“ Von R. Billeter, Vorstand des Finanzwesens.

können. Den Zinsverlusten, welche stattgefunden haben, stehen die bei Landverkäufen erzielten Gewinne (seit 1893 im ganzen über 1½ Millionen Fr.) gegenüber, wozu noch der im Laufe der Jahre eingetretene Wertzuwachs der nicht verkauften Liegenschaften im Nettobetrage von 3,3 Millionen Fr. kommt.

Die Waldungen der politischen Gemeinde, deren Ertrag in den oben angeführten Ziffern inbegriffen ist, haben erst in den letzten Jahren einen Reingewinn abgeworfen (erstmals 1904: 4500 Fr.; 1907: ca. 11 000 Fr.). Verhältnismäßig geringfügig sind auch die Erträgnisse der Waldungen des Bürgergutes (10—15 000 Fr.) zu nennen. Dagegen bildet die Bewirtschaftung der Waldungen der Stiftung des stadtzürcherischen Nutzungsgutes eine wichtige Einnahmequelle für diesen Annex des Gemeindehaushaltes; sie liefert alljährlich ungefähr 100 000 Fr. ab.

Die Wasserversorgung hat vor dem Jahre 1893 keine Einnahmequelle für den Finanzhaushalt gebildet. Die Überschüsse über die Verzinsung des Anlagekapitals wurden jeweilen zu Abschreibungen verwendet. Für letzteren Zweck wurden auch nach dem Jahre 1893 noch bedeutende Summen (eine Zeitlang 6 % der Bausumme, seit 1902 immer 3 %) aufgewendet. Über diese Beträge und eine 4—4½ prozentige Verzinsung hinaus sind seit der Stadterweiterung folgende Gewinne erzielt worden:

Jahr	Reingewinn Fr.	Jahr	Reingewinn Fr.	Jahr	Reingewinn Fr.
1893	246 892	1898	195 402	1903	592 174
1894	318 914	1899	221 054	1904	615 407
1895	348 409	1900	257 415	1905	480 094
1896	448 406	1901	482 572	1906	579 177
1897	231 746	1902	516 868	1907	603 958

In diesen Ziffern sind auch die Beiträge enthalten, welche aus dem Reingewinn jeweilen an den allgemeinen Pensionsfonds abgeführt werden (früher 5 %, seit 1905: 8 % des Reingewinns); die in den städtischen Rechnungen enthaltenen Reinerträgnisse sind, da sie jene Beiträge nicht enthalten, um 5 bzw. 8 % kleiner. Zu beachten ist ferner, daß infolge des erwähnten Beschlusses des großen Stadtrates vom 14. Januar 1905 ein großer Teil der städtischen Gebäude keinen Wasserzins mehr bezahlt und auch für die übrigen öffentlichen Zwecke mit Ausnahme der Wasserkraftlieferung an das Elektrizitätswerk das Wasser unentgeltlich abgegeben wird. Der Rückgang, der in den Einnahmen infolge dieses Beschlusses von 1904 auf 1905 eingetreten ist, beläuft sich auf ca. 60 000 Fr. Über die Herkunft des Reingewinns läßt sich an Hand der Geschäftsberichte des Stadtrates feststellen, daß auf das Installationsgeschäft ein Betrag von 20 010 Fr. (1900) bis 55 904 Fr. (1896) entfällt, also 7 % bis 12 % des Gesamtbetrages; in den letzten Jahren betrug der Anteil übrigens noch weniger, nur ca. 4 %.

Das Gaswerk hat über die 4—4½ prozentige Verzinsung des Anlagekapitals und die Abschreibungen hinaus seit dem Jahre 1893 folgenden Unternehmergewinn abgeworfen:

Jahr	Reingewinn Fr.	Jahr	Reingewinn Fr.	Jahr	Reingewinn Fr.
1893	238 409	1898	605 792	1903	767 459
1894	262 680	1899	857 694	1904	1 094 450
1895	352 698	1900	704 512	1905	869 095
1896	483 871	1901	483 253	1906	1 027 847
1897	460 567	1902	591 110	1907	1 081 245

Die tatsächlich an die Stadtkasse abgeführten Summen sind etwas kleiner gewesen, indem in den vorstehenden Beträgen auch die Einlagen in den städtischen Pensionsfonds, die seit einigen Jahren ziemlich erhebliche Beträge (70—80 000 Fr.) ausmachen, natürlich enthalten sind. Rechnet man schließlich, was durchaus geboten ist, zu den obigen Beträgen auch noch die Summen, die seit dem Jahre 1905 durch unentgeltliche Abgabe des Gases für die öffentliche Beleuchtung und die städtischen Gebäude der Stadtkasse indirekt zugewendet werden, so erhält man pro 1905, 1906 und 1907 einen effektiven Reingewinn von 1 234 761 Fr. bzw. 1 403 922 Fr. bzw. 1 477 183 Fr.

Die Frage, inwieweit der Reingewinn aus dem eigentlichen Gasverkauf und inwieweit er aus dem Verkauf der Nebenprodukte (Koks, Teer, Pech, Ammoniak) herrührt, kann an Hand der Rechnungen nicht beantwortet werden. Es wird daselbst zwar der Bruttoerlös aus jenen Produkten aufgeführt und diesem die unmittelbaren Verwertungsspesen (Fuhrlöhne u. dergl.) gegenübergestellt, allein die eigentlichen Gewinnungskosten sind unausscheidbar in den Kosten der Fabrikation des Hauptproduktes enthalten.

Ebensowenig ist es möglich, zu berechnen, welchen Einfluß das Installationsgeschäft auf das Gesamtresultat ausübt. Es läßt sich nämlich nicht feststellen, inwieweit den Ausgaben dieser Dienstabteilung für Materialanschaffung, Gehalte, Löhne usw. bezahlte Aufträge und inwieweit ihnen unentgeltliche Arbeiten (Erstellung von Zu- und Steigleitungen gemäß den oben erwähnten Bedingungen) gegenüberstehen.

Die Erträgnisse des Elektrizitätswerkes beliefen sich auf folgende Summen:

Jahr	Reingewinn Fr.	Jahr	Reingewinn Fr.	Jahr	Reingewinn Fr.
1893	6 234	1898	31 743	1903	243 814
1894	10 053	1899	75 349	1904	273 644
1895	50 382	1900	129 168	1905	233 940
1896	113 010	1901	160 523	1906	284 463
1897	58 890	1902	187 667	1907	317 998

Auch diese Beträge verstehen sich nach Abzug der Verzinsung und der Abschreibungen, jedoch einschließlich der Beiträge an den allgemeinen Pensionsfonds. Die letzteren sind von 297 Fr. im Jahre 1893 auf 23 500 Fr. im Jahre 1907 angestiegen. Die Abschreibungen sind bei diesem Unternehmen sehr stark gewesen, seit dem Jahre 1902 immer 5 % der Bausumme, vorher einige Jahre sogar 6, 8 und 10 %. Seit dem Jahre 1905 erfolgt die Lieferung des Stromes an die städtische Verwaltung (mit Ausnahme der Straßenbahn, der nach wie vor ungefähr die Selbstkosten verrechnet werden) unentgeltlich. Der Ausfall an Einnahmen, der hierdurch entsteht, wird im Geschäftsbericht pro 1907 für dieses Jahr auf 95 722 Fr. beziffert, so daß der tatsächliche Reinertrag sich im letztgenannten Jahr auf mehr als 400 000 Fr. belief.

Der Anteil des Installationsgeschäftes am Reingewinn ist, wie in den Geschäftsberichten über die ersten Betriebsjahre zu lesen ist, sehr bedeutend gewesen. Mehrfach wird betont, daß nur die Rendite dieses Geschäftszweiges es ermögliche, bei so hohen Abschreibungen noch einen Reingewinn zu erzielen. Ziffermäßige Angaben über die Höhe jener Rendite werden indessen nicht gemacht.

Die Straßenbahn ist bis jetzt von den industriellen Unternehmungen diejenige geblieben, welche am wenigsten als Finanzquelle angesehen werden kann. Vor allem bilden für die Gewinn- und Verlustrechnung dieses Betriebes die Abschreibungen, welche am Konto „der zu amortisierenden Verwendungen" vorgenommen werden müssen, eine schwere Last. Nach dem Umbau der Pferdebahn für den elektrischen Betrieb, d. h. am Schlusse des Jahres 1900 hatte dieses „Aktivum" mit 1 274 925 Fr. seinen Höchstbetrag erreicht. Durch allmählich gesteigerte Abschreibungen, die in den letzten drei Jahren jeweilen über ¼ Million Fr. betrugen, ist er allerdings auf Ende 1907 auf den Betrag von 395 317 Fr. herabgedrückt worden und wird binnen ganz kurzer Zeit wohl verschwunden sein. Die Verzinsung des Anlagekapitals, die in den drei ersten Betriebsjahren (1896—1898) noch unzureichend gewesen war, hat sich von 1899 an stets auf der Höhe von 4 %, von 1905 an auf der von 4½ % gehalten. Die Einlagen in den Erneuerungsfonds sind in den letzten Jahren ebenfalls stark gesteigert worden;

ob in ausreichendem Maße, kann natürlich nur der Techniker beurteilen. Über alle diese Summen hinaus hat der Betrieb von 1896—1903 nichts abgeworfen. Seither sind eigentliche Reingewinne in folgender Höhe ausgewiesen worden

im Jahre	1904:	255 066	Fr.
„ „	1905:	100 000	„
„ „	1906:	150 000	„
„ „	1907:	100 000	„

Diese Summen sind indessen nicht zur Bestreitung der allgemeinen Gemeindeausgaben verwendet, sondern dem allgemeinen Pensionsfonds überwiesen worden.

Mit Bezug auf das Abfuhrwesen findet erst seit dem Jahre 1897 die Rechnungsstellung in der Weise statt, daß die finanziellen Ergebnisse genau festgestellt werden können. Das Unternehmen hat seit diesem Zeitpunkt einige Male die Zinsen des in ihm angelegten Kapitals zum Teil aufzubringen vermocht; in der Regel aber haben von der allgemeinen Gemeindegutsrechnung nicht nur die Zinsverluste getragen, sondern darüber hinaus zur Deckung der Betriebsausgaben noch weitere Zuschüsse geleistet werden müssen. Der Gesamtzuschuß betrug z. B. im Jahre 1905: 38 790 Fr., 1906: 17 535 Fr., 1907: 39 843 Fr. Eine Verteilung dieser Summen auf die einzelnen Zweige des Betriebes ist auch hier infolge des Ineinandergreifens der verschiedenen Funktionen nicht möglich. Einzig mit Bezug auf die Kehrichtverbrennungsanstalt, für welche getrennt Rechnung geführt wird, läßt sich das finanzielle Ergebnis überblicken: die Anstalt hat seit ihrer Eröffnung im Jahre 1904 die Verzinsung des Kapitals nicht aufgebracht und darüber hinaus noch Zuschüsse erfordert. Der Gesamtbetrag der Zuschüsse, die in den oben genannten Defiziten nicht enthalten sind, belief sich im Jahre 1904 auf 49 240 Fr., im Jahre 1905 auf 114 733 Fr., im Jahre 1906 auf 79 511 Fr., und im Jahre 1907 auf 71 927 Fr. Die Hoffnung, das Unternehmen werde sich selbst erhalten, hat sich also nicht erfüllt und man sah sich daher auch veranlaßt, durch außerordentliche Beiträge aus dem allgemeinen Gemeindehaushalt das ursprünglich 730 165 Fr. betragende Anlagekapital auf 287 236 Fr. (Ende 1907) abzuschreiben.

Die Materialverwaltung wird, da sie ihre gewinnbringenden Einnahmen hauptsächlich aus dem Verkehr mit Bauunternehmern bezieht, hinsichtlich ihres finanziellen Ergebnisses stark von der jeweiligen Lage des Baugewerbes beeinflußt und weist daher ziemlich schwankende Erträgnisse auf. Doch ist seit dem Jahre 1896 über Verzinsung und Abschreibungen hinaus stets ein Reingewinn (im Betrage von 6800 bis 49 700 Fr.) erzielt worden.

Die *Schlachthäuser* werfen, obgleich sie nicht in der Absicht der Gewinnung einer Einnahme betrieben werden, tatsächlich doch eine solche ab. Rechnet man nämlich zu den in der Rechnung angeführten Ausgaben noch einen Posten für Verzinsung, ferner die Kosten der allgemeinen Verwaltung und des Wasserverbrauches, so bleibt für die letzten Jahre immer noch ein Reingewinn von vielleicht 10—15 000 Fr.

Hinsichtlich der *Badanstalten* läßt sich aus den Rechnungen nichts Bestimmtes ableiten. Einnahmen und Ausgaben dürften sich hier ungefähr die Wage halten.

Arbeitsamt und *Wohnungsnachweis* sind reine Zuschußbetriebe. Auf die finanziellen Erträgnisse der Verpachtung des *Plakatwesens* und des Vertragsverhältnisses mit dem „*Tagblatt*" wurde schon oben (Seite 19, 20) hingewiesen.

Die konzessionierten Privatbetriebe verschaffen der Stadtkasse ebenfalls etwelche Einnahmen: die Droschken im Jahre 1907 ungefähr 4000 Fr. (netto), die Dienstmänner ca. 600 Fr., das Marktwesen ca. 23 000 Fr.

Über die wirtschaftlichen Erfolge der *Regiearbeiten im Tiefbau* läßt sich zur Zeit noch kein abschließendes Urteil fällen.

Über das Verhältnis, in welchem die Reinerträgnisse der wichtigsten Einnahmebetriebe zu den gesamten ordentlichen Einnahmen des Gemeindehaushaltes standen, gibt die nebenstehende Tabelle Aufschluß:

Bedeutung der wichtigsten Betriebe für den Gemeindehaushalt.

Betriebe	1893		1898		1903		1907	
	Reingewinn							
	(absolut)[1] Fr.	in Prozenten der Gesamteinnahmen	(absolut)[1] Fr.	in Prozenten der Gesamteinnahmen	(absolut)[1] Fr.	in Prozenten der Gesamteinnahmen	(absolut)[1] Fr.	in Prozenten der Gesamteinnahmen
Gaswerk. . . .	226 489	2,9	575 501	4,7	730 959	5,4	1 001 245	6,1
Wasserversorgung	233 092	3,0	185 702	1,5	564 174	4,2	559 458	3,4
Elektrizitätswerk	5 937	0,07	30 235	0,2	232 203	1,7	294 497	1,7
Straßenbahn. .	—	—	—	—	—	—	—	—
Materialverwaltung	—	—	49 749	0,4	24 831	0,1	11 731	0,07
Total	465 518	5,97	841 187	6,8	1 552 167	11,4	1 866 931	11,27

[1] Es sind hier überall nur die an die Stadtkasse abgelieferten Summen (nicht auch die Beiträge an den Pensionsfonds und die Leistungen an den Gemeindehaushalt in natura) angegeben.

Dritter Abschnitt.

Zusammenfassende Beurteilung.

Es sind hauptsächlich zwei Punkte, deren Erörterung noch erübrigt: die grundsätzliche Stellung der maßgebenden Gemeindeorgane zu der Frage nach dem Umfang der Gemeindewirtschaft und der Vergleich der Leistungen der Regiebetriebe mit den Leistungen privater Unternehmer.

1. Als Organ, dem Einfluß auf die Ausdehnung der Gemeindebetriebe zukommt, fällt in Zürich neben dem kleinen und dem großen Stadtrate noch ein drittes in Betracht: die Gesamtheit der stimmberechtigten Schweizerbürger, die „Gemeinde". Die Stellung des kleinen Stadtrates zu der Frage der Gemeindebetriebe bietet insofern wenig Stoff zur Erörterung, als sie in der Regel nicht sowohl von wirtschaftspolitischen Glaubenssätzen oder bestimmten Interessen, als vielmehr von einer Abwägung des Für und Wider im einzelnen Fall beeinflußt wird und als die Ausnahmen von jener Regel, sofern solche überhaupt vorkommen, sich der allgemeineren Kenntnis infolge des Ausschlusses der Öffentlichkeit von den Beratungen entziehen.

Klarer zutage liegen dagegen die Anschauungen und Interessen, von welchen sich der große Stadtrat und die Gemeinde leiten lassen. Auf den Wortlaut des kommunalen Teiles der Parteiprogramme ist zwar kein Gewicht zu legen, da diese Dokumente natürlich in Zürich wie anderwärts nur lauter schöne und in ihrer allgemeinen Fassung meist unanfechtbare Prinzipien enthalten. Mehr Interesse bietet das Verhalten der Parteien im einzelnen konkreten Fall. Da läßt sich nun in erster Linie feststellen, daß die Gründung und die Erweiterung der großen kommunalen Unternehmungen wie der Wasserversorgung, des Gaswerkes, des Elektrizitätswerkes und der Straßenbahn so zu sagen ohne Kampf vor sich gegangen ist. Bei der Gründung des Wasserwerkes und des Elektrizitätswerkes lag das öffentliche Bedürfnis so klar zutage, daß eine Diskussion hierüber schlechthin ausgeschlossen war, und da überdies die Stadt sich in einem Zeitpunkt an diese Unternehmungen heranwagte, zu welchem der private Unternehmungsgeist noch kaum recht auf die Sache aufmerksam geworden war, so war auch nach dieser Seite hin die Bahn frei. Beim Gaswerk sorgte die vortreffliche Konzession, bzw. soweit Enge in Frage kommt, die gemeinnützige Grundlage des Unternehmens für eine glatte Abwicklung der Kommunalisierung. Die gleiche Einigkeit der Parteien finden wir vor anläßlich der Verstadtlichung der Straßenbahn in den Jahren 1894—96; allerdings dürfte auf die Begeisterung mancher Mitglieder des großen Stadtrates und manches Aktivbürgers die Rücksicht auf die für die Aktionäre überaus günstigen Bedingungen, unter denen der Ankauf der Pferdebahn und der „Elektrischen Straßenbahn" erfolgte, fördernd eingewirkt haben. Zu einer größeren Meinungsverschiedenheit über die dem Straßenbahnunternehmen zu gebende Ausdehnung kam es überhaupt nur einmal, im Jahre 1905, anläßlich des projektierten Baues einer Linie aus dem Stadtzentrum zum Polytechnikum. Obgleich der große Stadtrat den Bau dieser Linie gegen eine verschwindend kleine Minderheit seiner Mitglieder beschlossen hatte, verwarf die Gemeinde zuerst den Antrag und war erst durch einen nochmaligen Beschluß des großen Stadtrates zu bewegen, in einer zweiten Abstimmung den Bau zu genehmigen. Geht man den Ursachen dieses sonderbaren Verhaltens der Gemeinde nach, so bleibt, da die betriebstechnische Notwendigkeit und die Rendite der Linie außer Frage standen und auch die von einigen Fuhrleuten erhobenen Einwendungen betreffend Überlastung des Leonhardsplatzes nicht sehr stichhaltig waren, nur die Erklärung übrig, daß die Gemeinde das Opfer der geschickten Agitation, welche im Interesse einer konkurrierenden Seilbahn geführt wurde, geworden war. Ein Beweis dafür, daß die im Gemeinde-Referendum zweifellos enthaltene Garantie gegen Korruption in der Verwaltung hin und wieder mit anderen Nachteilen bezahlt werden muß!

Der Gruppe dieser in der Hauptsache „unbestrittenen" Gemeindebetriebe steht die Gruppe der Unternehmungen gegenüber, um deren Gründung bzw. Erweiterung gekämpft worden ist und zum Teil noch gekämpft wird. Zu einem ersten Zusammenstoß in dieser Richtung kam es in den Sitzungen des großen Stadtrates vom 14. Oktober und 25. November 1893, als der Antrag des Stadtrates, es sei eine städtische Dienstmänneranstalt zu gründen, zur Diskussion stand. Nach langen Debatten, deren Länge und Gründlichkeit wohl in keinem richtigen Verhältnis zur Bedeutung der Sache stand, entschied man sich für Verwerfung des stadträtlichen Antrages. Auf dieses heute fast erheiternd wirkende Vorspiel folgten bald gewichtigere Kämpfe. Vor allem ist es die Bodenpolitik des Stadtrates gewesen, die, namentlich in den letzten Jahren, häufig zu hartnäckigem Widerstand und einigemal auch zur Ablehnung von Landankäufen geführt hat. Kompliziert wird die Sachlage noch dadurch, daß einige für das Gemeindegrundeigentum besonders eingenommene Mitglieder des großen Stadtrates sich darauf versteifen, unter keinen Umständen dem Verkauf von städtischem Land ihre Zustimmung zu geben.

In engem Zusammenhange mit diesem Gebiete steht die Frage des städtischen Wohnungsbaues. Auch hier läßt sich eine gewisse Diskrepanz zwischen der Stellungnahme des großen Stadtrates einerseits und der Gemeinde anderseits beobachten. Auf die widerspruchslose Annahme des Antrages betr. Bewilligung von 2½ Mill. Fr. für die Errichtung von Wohnhäusern im großen Stadtrate folgte eine sehr heftige Agitation gegen die Vorlage vor der Gemeindeabstimmung. Es fanden sich denn auch wirklich 7600 Stimmberechtigte, die — in einer Zeit äußerster Wohnungsnot — ein Nein in die Urne legten. Abgesehen von den grundsätzlichen Neinsagern rekrutierte sich die Opposition hauptsächlich aus den Kreisen des sog. „Bürgerverbandes", einer hauptsächlich aus kleineren Gewerbetreibenden bestehenden Vereinigung, die, wohl sehr mit Unrecht, die Befürchtung hegte, das private Baugewerbe könnte allmählich ausgeschaltet werden. Die großen Worte einiger Befürworter des städtischen Wohnungsbaues konnten diesen Gedanken allerdings aufkommen lassen, allein die praktischen Schwierigkeiten, mit denen das Unternehmen seither zu kämpfen hatte, dürfte den Übereifer auch auf dieser Seite abgekühlt haben.

Einen harten Kampf um ihre Existenzberechtigung haben auch die Regiearbeiten im Tiefbau zu führen. Ein zusammenfassender Bericht über die Resultate derselben wird demnächst im großen Stadtrate verhandelt werden.

Der Streit um das Installationsgeschäft des Gaswerkes wurde schon oben auf S. 10 erwähnt.

Eine noch unerledigte Kontroverse betrifft die Frage, ob sich die Stadt an der Einrichtung einer Milchversorgung durch den „Lebensmittelverein" durch Gewährung eines zinsfreien Darlehens beteiligen solle.

Überblickt man die wirtschaftliche Natur dieser umstrittenen „Grenzgebiete", so fällt eines sogleich auf: es handelt sich um lauter Unternehmungen, die sonst in den Händen des kleinen und mittleren Gewerbestandes liegen. Der Abwesenheit großkapitalistischer Einflüsse in der zürcherischen Stadtverwaltung steht der um so heftigere, aus den berufsgenossenschaftlichen Streitigkeiten um die Arbeitsbedingungen hervorgegangene Kampf um die Vorherrschaft zwischen Kleingewerbe und Arbeiterschaft gegenüber.

2. Ein Vergleich der Leistungen der Gemeindebetriebe mit den Leistungen von Privatbetrieben läßt sich mit Rücksicht darauf, daß auf den meisten Gebieten der Gemeindewirtschaft vergleichbare Privatbetriebe weder jetzt bestehen noch früher bestanden haben, schwer durchführen. Beim Wohnungsbau und den Regiearbeiten im Tiefbau liegt die Möglichkeit, den städtischen Leistungen die Leistungen des privaten Baugewerbes gegenüber-

zustellen, vor, doch ist bei letzteren, wie schon bemerkt, die Frage ihrer Wirtschaftlichkeit noch nicht ganz abgeklärt und liegen über ersteren noch keine genügenden Erfahrungen vor. Beim Gaswerk und bei der Straßenbahn kann in gewissen Beziehungen auf die Verhältnisse der früher bestandenen Privatunternehmungen Bezug genommen werden. Die übrigen Betriebe aber stehen so konkurrenzlos da, daß es schlechterdings an jeder Vergleichsgrundlage fehlt. Trotzdem mögen andeutungsweise einige wichtigere Momente kurz berührt werden.

In erster Linie verdient die Frage nach der Qualität der Leistungen Beachtung. Mit Bezug hierauf darf gesagt werden, daß die Behörden es verstanden haben, dem gegenüber behördlichen Leistungen sehr entwickelten Hang des schweizerischen Aktivbürgers zur Kritik wenig Anlaß zur Betätigung zu geben. Das gilt insbesondere mit Bezug auf die industriellen Betriebe wie das Gaswerk, die Wasserversorgung, das Elektrizitätswerk und die Straßenbahn. Durch Heranziehung tüchtiger Fachleute zu der Leitung dieser Betriebe und Außerachtlassung aller hierarchisch bureaukratischen Grundsätze betreffend Höhe der Gehälter usw. hat man für sicheren und erfolgreichen Gang der Unternehmungen gesorgt. Eine Ausnahme schien einzig die Straßenbahn unmittelbar nach ihrer Kommunalisierung zu bilden, doch ist bei der Beurteilung der ersten Betriebsjahre zu beachten, daß der gemischte Betrieb, der Umbau der Pferdebahn usw. bedeutende Schwierigkeiten verursachten.

Mit Bezug auf die Preise wird, wenn man alle finanz- und steuerpolitischen Nebenerwägungen beiseite läßt und sich auf den reinen Konsumentenstandpunkt stellt, das Urteil etwas zurückhaltender lauten müssen. Es kann wohl keinem Zweifel unterliegen, daß gegenüber privaten Aktiengesellschaften, die, wie das Gaswerk, die Wasserversorgung und das Elektrizitätswerk, Überschüsse von 10—16 % (Verzinsung und effektiver Reingewinn des Jahres 1907 zusammengenommen) erzielen würden, die öffentliche Meinung ziemlich ungehalten würde und daß die Furcht vor der Entstehung von Konkurrenzanstalten oder vor der Kommunalisierung die Inhaber von Privatunternehmungen der hier in Rede stehenden Art vermutlich zu Preisermäßigungen nötigen würde. Eine etwas starke Betonung des finanziellen Momentes ist bei der Bewirtschaftung der genannten zürcherischen Unternehmungen unzweifelhaft vorhanden. Beleg hierfür ist die Geschichte des Leuchtgaspreises, der, wie im zweiten Abschnitt gezeigt wurde, eine Zeitlang geradezu die Rolle eines finanzpolitischen Wetterzeigers versah. Beim Elektrizitätswerk führte die Sorge um den Reinertrag anfangs sogar zur Aufstellung von Tarifgrundsätzen (Grundtaxe!), die selbst vom rein finanziellen Standpunkt aus nicht einwandfrei waren. Bei der Straßenbahn brachte, wie gezeigt, die Verstadtlichung anfangs durchaus nicht die von den bedingungslosen Anhängern der Kommunalisierung erhoffte durchgreifende Tarifreform. Die Schuld hieran lag allerdings nicht bei den städtischen Behörden, sondern an den ungünstigen Rückkaufsbestimmungen der Konzession für die Pferdebahn, deren Folge der übersetzte Rückkaufspreis war.

Der Leser wird nun vielleicht fragen, warum denn der Konsument, dem Referendum und Initiative zur Verfügung stehen, nicht Einspruch erhebt gegen die starke Betonung des Finanzzweckes bei der Verwaltung jener Betriebe und warum es im großen Stadtrate, wo doch Vertreter aller Bevölkerungsklassen sitzen, es, abgesehen von einigen Debatten über den Wasserzins und den Leuchtgaspreis, nie zu ernsteren Zerwürfnissen über die Tarifpolitik gekommen ist. Die Antwort lautet: weil jedermann weiß, daß die unvermeidliche Folge jeder bedeutenderen Herabsetzung der Preise für Gas, Wasser und Elektrizität die Erhöhung der direkten Vermögens- und Einkommensteuer ist und weil in der Zurückweisung *dieser* Eventualität eine dem Fernerstehenden schier unbegreifliche Einstimmigkeit herrscht. Die fatale Wechselwirkung von hohem Steuerfuß und Steuerhinterziehung hat eben in Zürich die direkten Steuern zu einer so unpopulären Last gemacht, daß nicht nur die besitzenden, sondern fast ebensosehr die nichtbesitzenden Klassen von einer weiteren Erhöhung nichts mehr wissen wollen [1].

Über die Leistungen der Stadt als *Arbeitgeber* sind folgende Angaben zu machen:

Nach der Gemeindeordnung vom 8. September 1907 und der darauf beruhenden Arbeitsordnung vom 25. April 1908 beträgt der Mindesttaglohn für gelernte Handwerker 5 Fr. 50 Rp., für Handlanger 5 Fr. Vollbeschäftigte und leistungsfähige Arbeiter werden nach einjähriger Tätigkeit zu ständigen Arbeitern mit festem monatlichem Einkommen ernannt und erhalten alljährlich eine Lohnaufbesserung von 5 Fr. im Monat bis zur Erreichung des Lohnmaximums (5,50 Fr. bis 8,20 Fr. täglich). Bei Krankheit oder sonstiger Arbeitsunfähigkeit wird der volle Lohn bis auf die Dauer von 6 Monaten zugesichert. Ständige Arbeiter erhalten den vollen Lohn auch während der Dauer des regelmäßigen Militärdienstes, vorläufig angestellte Arbeiter die Hälfte ihres Taglohnes. Der jährliche Erholungs-

---

[1] Im Jahre 1907 hatte der Bezüger eines Arbeitseinkommens von 1200 Fr. an Einkommen- und Kopfsteuern für Staats- und Gemeindezwecke zu bezahlen: 27 Fr. 78 Rp., bei 2400 Fr. Einkommen 82 Fr. 40 Rp., bei 4000 Fr. Arbeitseinkommen 168 Fr. 80 Rp. Es ist klar, daß bei solchen Sätzen auch die unbemittelten Klassen wenig Lust zur Erhöhung der direkten Steuern verspüren.

urlaub beträgt je nach dem Dienstalter 4—14 Tage. Die Arbeitszeit beträgt, abgesehen von einigen besonderen Festsetzungen, neun Stunden täglich.

Diese Arbeitsbedingungen entsprechen, was Lohn und Arbeitszeit betrifft, mit Bezug auf die gelernten Arbeiter ungefähr den Bedingungen, welche sich die erfolgreichsten Gewerkschaften errungen haben. Die ungelernten Arbeiter werden von der Stadt besser entlöhnt als von privaten Arbeitgebern. Die Bestimmungen betreffend Erholungsurlaub, Lohnauszahlung bei Militärdienst usw. gehen über das im Privatgewerbe in der Regel übliche Maß der Fürsorge hinaus.

Das Verhältnis der Verwaltung zu den Arbeitern kann im allgemeinen ein gutes genannt werden. Zu größeren Differenzen kam es nur einmal und zwar sonderbarerweise in demjenigen Betriebe, der am meisten für seine Arbeiter tat, im Gaswerk. Die Schuld an dem Zerwürfnis lag allerdings in der Hauptsache an einer außerhalb des Betriebes stehenden Persönlichkeit, die die Leitung des Gasarbeitervereins innehatte.

Les Régies Communales en Belgique.

Par

Ernest Brees,

Docteur en sciences politiques,
Chef de division à l'Administration communale de Bruxelles.

Considérations générales.

Il n'existe en Belgique, à l'exception des distributions d'eau, qu'un nombre très restreint de régies communales. Cette situation peut, à première vue, paraître étrange dans un pays aussi industriel et où les communes jouissent d'une large autonomie.

Si l'on y regarde de plus près, les causes de cet état de choses apparaissent assez nettement.

On peut, en effet, attribuer tout d'abord le peu de progrès des idées municipalistes, pour ne pas dire l'absence complète de mouvement de municipalisation, au voisinage de la France. Dans ce dernier pays, l'opinion publique n'est guère favorable aux régies communales, qui y sont d'ailleurs peu nombreuses et simplement tolérées par le pouvoir central. C'est ainsi qu'on a vu, récemment encore, par suite de l'hostilité du Sénat, échouer à Paris la régie directe du gaz, malgré les efforts du Conseil municipal, de la Chambre des Députés et du Gouvernement. En France, comme en Belgique, la règle, c'est la concession des services publics; l'exception, c'est l'exploitation en régie.

Ensuite, l'influence des doctrines manchestériennes est toujours très grande en Belgique. Beaucoup de gens sont encore convaincus que seule l'initiative privée est à même de mener à bien et de gérer économiquement des exploitations à caractère industriel. Les discussions qui se produisent, de temps en temps, dans les Conseils communaux reflètent exactement l'état d'esprit du public belge en cette matière. Le développement considérable du Municipalisme en Angleterre, en Allemagne, en Suisse, et dans d'autres pays encore, ne semble avoir aucune répercussion en Belgique. On continue, sans guère s'inquiéter des résultats remarquables obtenus à l'étranger, à opposer aux régies communales les objections archi-connues des anti-municipalistes. On fait valoir l'aléa financier et industriel auquel s'exposent les communes qui entrent dans la voie de la Municipalisation; l'accroissement des dettes locales; le développement du fonctionnarisme et l'influence des salariés communaux; le coût élevé du prix de revient résultant d'une exploitation peu économique; l'incompétence des conseillers communaux, sans oublier le caractère socialiste des régies, dépeintes comme autant d'avant-postes d'une future société collectiviste.

A ces critiques, les partisans de la Régie ne manquent pas d'opposer les inconvénients multiples du système des concessions: la prédominance de l'intérêt personnel chez les concessionnaires; les bas salaires qu'ils paient à leur personnel; la cherté souvent excessive de leurs tarifs; les entraves qu'ils apportent au progrès industriel par leur inertie, et les ennuis de toute espèce qu'ils occasionnent aux communes par l'exercice abusif du monopole dont ils sont investis.

Bref, dans la plupart des communes, grandes et petites, les mêmes discussions purement théoriques surgissent à l'époque où les concessions existantes vont expirer, et ces digressions finissent généralement par le renouvellement des concessions à des conditions un peu moins aléatoires pour les communes et le public.

Enfin, et c'est peut être la raison principale du peu d'extension des régies communales, l'état actuel de la législation en Belgique ne semble pas créer un terrain suffisamment favorable. C'est un point de vue que nous croyons devoir particulièrement développer pour la raison qu'il permettra de se rendre un compte exact de l'ensemble de la situation.

La Belgique ne possède pas, comme l'Italie par exemple, une législation générale sur les entreprises commerciales et industrielles des communes, et les lois spéciales qui règlent ces objets sont encore incomplètes. La loi communale, qui fixe les attributions administratives des communes, ne contient aucune disposition permettant à celles-ci d'exploiter des entreprises du genre de celles qui nous occupent. Toutefois, on reconnaît généralement le droit aux communes de fournir à leurs habitants de l'eau potable, du gaz et de l'électricité, ainsi que de prélever des profits sur ces industries; certaines communes importantes ont même la clientèle de localités voisines. Mais toute cette matière n'est par organisée par la législation, et la coutume supplée au silence ou à l'incertitude de la loi.

Quant aux associations de communes, dans un but d'utilité publique, elles doivent faire l'objet d'une loi. Des lois de cette espèce existent. Nous citerons celle du 6 août 1897, relative à l'organisation d'établissements hospitaliers intercommunaux; celle du 1er juillet 1899 sur l'association de communes entre elles et avec les provinces, en vue d'obtenir de la Société nationale des Chemins de fer vicinaux la cession de l'exploitation de lignes traversant leur territoire et dont le capital de fondation a été fourni avec leur concours. Enfin, une loi toute récente, du 18 août 1907, concerne les associations de communes et de particuliers pour l'établissement de services de distributions d'eau.

Cette dernière loi mérite une mention spéciale. Elle autorise, sous réserve de l'avis de la Députation permanente du Conseil provincial et de l'approbation du Roi, une commune à s'associer avec une ou plusieurs communes ou provinces, ou avec des particuliers, aux fins d'établir et d'exploiter des services de distributions d'eau. La société est constituée dans la forme des sociétés anonymes ou des sociétés coopératives et jouit, sans perdre son caractère civil, des avantages accordés par la loi aux sociétés commerciales. Le dividende annuel ne peut dépasser 4 % du montant des versements effectués; la loi limite les dividendes pour éviter que les services de distributions d'eau soient exploités dans un but de lucre par les communes et leurs associés. Le Gouvernement a un droit de contrôle sur les opérations de la société; il peut s'opposer à l'exécution de toute mesure qu'il jugerait contraire soit à la loi, soit aux statuts de la société, soit à l'intérêt général. L'Etat possède également un droit de rachat, qu'il exercerait si la société ne répondait pas au but d'utilité publique qui fait l'objet de la loi.

La loi du 18 août 1907 a consacré légalement l'existence d'assez nombreuses associations de communes qui s'étaient formées pour l'organisation de services de distributions d'eau, notamment la grande Compagnie intercommunale des Eaux de l'Agglomération bruxelloise dont nous aurons l'occasion d'exposer le fonctionnement. L'État et les Provinces ont octroyé, en ces dernières années, de nombreux subsides aux communes qui installent des distributions d'eau. Mais l'État et les Provinces n'interviennent que pour autant que les distributions d'eau soient exploitées sans esprit de lucre; les subsides atteignent, suivant les cas, le quart, le tiers et même la moitié du coût total des travaux.

Avant 1875, il n'y avait en Belgique aucune législation spéciale sur les tramways. Seule, une loi du 10 mai 1862 était relative aux concessions de péages. Cette loi, toujours en vigueur, stipule que le Gouvernement est autorisé à concéder, aux personnes et aux sociétés qui se chargent de travaux publics, des péages pour un terme qui n'excédera pas 90 ans. Sous le régime de cette loi, certaines villes, Bruxelles notamment, octroyèrent des concessions de tramways d'une durée de 90 ans. Ces tramways empruntaient à la fois la voirie communale et la grande voirie qui est la propriété de l'État. En ce qui concernait la grande voirie, il n'y avait qu'une simple tolérance de la part de l'État.

La loi du 9 juillet 1875, complétée par celle du 15 août 1897, stipule que les tramways sont concédés:

A. Par les conseils communaux, lorsqu'ils ne s'étendent pas sur le territoire de plus d'une commune et qu'ils sont établis exclusivement sur la voirie communale ou principalement sur cette voirie et accessoirement sur les routes de l'État et de la Province;

B. Par les députations permanentes des conseils provinciaux, lorsqu'ils s'étendent sur le territoire de plus d'une commune dans la même province et qu'ils sont établis exclusivement ou principalement sur la voirie communale;

C. Par les conseils provinciaux lorsque, sans dépasser les limites de la province, ils sont établis exclusivement sur la voirie provinciale ou principalement sur cette voirie et accessoirement sur la voirie communale ou sur la grande voirie;

D. Par le Gouvernement: 1° lorsqu'ils sont établis exclusivement ou principalement sur la grande voirie; 2° lorsque, quelle que soit la nature de la voirie, ils s'étendent sur le territoire de plus d'une province.

Les concessions accordées par les conseils communaux, les députations permanentes et les conseils provinciaux doivent recevoir l'approbation du Roi. Les communes, les députations permanentes et les conseils provinciaux intéressés sont entendus avant l'octroi des concessions. Les redevances à payer par le concessionnaire sont attribuées à l'autorité qui possède la voirie où le tramway est établi. Les concessions ne peuvent être accordées à des particuliers ou à des sociétés que par voie d'adjudication publique et ce pour une durée maximum de 50 années. Une loi du 3 janvier 1892 a donné le pouvoir au Gouvernement de régulariser les concessions de tramways octroyées par les communes antérieurement à la loi du 9 juillet 1875. Enfin, des lois spéciales ont amené, en 1899 et en 1901, l'unification des concessions de tramways à Bruxelles et à Anvers. Aucune exploitation de tramways en régie n'existe en Belgique. La législation actuelle n'avantage guère les communes. En effet, la concession est seule possible dans la plupart des cas et, d'autre part, la haute main appartient au Gouvernement pour ce qui est de l'octroi des concessions.

On étudie, cependant, à Bruxelles actuellement la possibilité d'établir une ligne en régie directe. La ville de Liége, seule en Belgique, possède un réseau de tramways dont elle a affermé l'exploitation à une société, et dont elle retire des bénéfices considérables sous forme de redevances sur les recettes brutes. Les redevances de la ville d'Anvers sont également établies sur les recettes brutes des concessionnaires; celles de la ville de Bruxelles sont calculées sur les bénéfices nets distribués aux actionnaires.

Aucune législation ne réglemente en Belgique les entreprises d'éclairage par le gaz ou l'électricité. Une vieille loi des 16—24 août 1790 dit seulement que «l'illumination» rentre dans les attributions des corps municipaux. Nous avons dit, cependant, que l'on admet que les communes exploitent des régies d'éclairage; mais, faute de loi spéciale, les communes ne peuvent pas encore s'associer pour des entreprises de ce genre. Jusqu'ici, le Gouvernement a toujours toléré que les communes, soit pour les exploitations données en concession, soit pour celles en régie, fissent usage, pour la pose des canalisations d'éclairage, de la grande voirie. Le Gouvernement a toutefois l'intention de réglementer les entreprises électriques. Il a fait connaître les principes fondamentaux qui présideraient à la législation nouvelle et qui sont les suivants:

1° Les communes accorderaient des concessions de distributions d'énergie électrique pour l'éclairage à des particuliers ou à des sociétés. Les concessionnaires auraient seuls le droit de se servir de la voie publique en vue de pourvoir directement ou indirectement à l'éclairage électrique;

2° La distribution de l'énergie électrique pour la force motrice demeurerait libre et s'effectuerait sous un régime d'autorisations de voirie délivrées par l'autorité compétente. La concession de la distribution de l'énergie électrique pour force motrice ne pourrait, en conséquence, être accordée par les communes;

3° La transmission de l'énergie électrique demeurerait libre et s'effectuerait sous un régime d'autorisations de voirie;

4° Les bénéficiaires d'autorisations de voirie pourraient utiliser pour l'éclairage de leurs locaux l'énergie électrique qu'ils produiraient.

Le Gouvernement pense qu'un régime semblable favoriserait grandement l'industrie, que les distributions électriques pourraient se développer plus librement et que les communes, devenant plus accessibles à toutes les entreprises régionales, seraient les premières à en bénéficier.

Mais les grandes communes ont vu dans le projet du Gouvernement une menace sérieuse pour leurs régies. A l'initiative de M. Emile De Mot, Bourgmestre de Bruxelles, les bourgmestres des grandes villes et communes du pays, appuyés par leurs conseils communaux, ont formulé d'énergiques protestations à ce sujet.

Le manque complet de réglementation des régies communales a eu notamment pour conséquence de laisser aux communes toute liberté en ce qui concerne la tenue des comptes de ces entreprises. Dans la grande majorité des communes, les comptes des régies ont été tenus comme ceux des services purement administratifs, c'est-à-dire qu'on leur a appliqué les règles de la comptabilité budgétaire. Cette comptabilité est d'ailleurs strictement légale, puisque la loi ne fait aucune distinction entre les services administratifs et les services industriels et que toutes les recettes et dépenses quelconques doivent figurer dans les budgets et comptes communaux. Elle se borne pour les régies à trois totalisations. La première comprend les produits de toute nature encaissés par le service en régie; la seconde, les débours de tout genre. Ce sont les recettes et dépenses d'exploitation du service en régie qui sont portées, à l'ordinaire, dans les budgets et comptes des communes. La troisième donne le montant global des dépenses effectuées pour la mise en activité du service en régie et pour les extensions subséquentes. C'est le capital de premier établissement de l'entreprise en régie et il est imputé sur le budget extraordinaire, c'est-à-dire sur le budget de l'emprunt.

Il va de soi qu'une semblable comptabilité ne fournit guère, au point de vue industriel, des indications probantes sur la véritable situation des entreprises en régie. Les bénéfices renseignés dans les comptes ne sont que de simples excédents de recettes, obtenus sans amortissement financier ni industriel. Ainsi présentés, les comptes des régies ont donné beau jeu aux adversaires de la Municipalisation des services publics. Il leur a été facile de prétendre que les bénéfices accusés par les communes étaient fictifs, et les partisans de la Municipalisation se sont trouvés, pour ainsi dire, désarmés vis-à-vis d'eux par suite du défaut de comptabilité industrielle.

Heureusement, les communes ont compris, depuis quelques années, la nécessité de ne plus donner d'armes semblables aux détracteurs de la régie directe. Aussi, les unes ont adopté la comptabilité industrielle pour les nouvelles régies; les autres, comme la ville de Bruxelles, s'occupent de réformer les écritures comptables des régies anciennes.

Parmi les villes qui exploitent des services en régie directe, il faut citer Bruxelles en toute première ligne. La capitale de la Belgique a donné un magnifique exemple, qui cependant n'a guère été suivi, aux autres villes et communes du pays. La ville de Bruxelles exploite en régie l'eau, le gaz, l'électricité, le service du nettoyage de la voirie, des halles, des marchés, des bains, un abattoir et le poids public. De plus, elle gère directement un domaine immobilier très important, composé d'un grand nombre de maisons de rapport. La valeur de ce domaine, que la ville a été obligée de reprendre à la suite de la déconfiture de sociétés de construction, est d'au moins 35 millions de francs et tend à augmenter chaque année. Les recettes ordinaires de la ville, sans compter les produits du domaine immobilier et les redevances des tramways, sont constituées à raison de 40 % par les services en régie et de 14 % seulement par les impôts. La régie est donc à la base de la politique financière de la ville.

L'Agglomération bruxelloise est formée par la ville de Bruxelles et 14 faubourgs: Anderlecht, Ixelles, Laeken, Watermael-Boitsfort, Molenbeek Saint-Jean, Koekelberg, Saint-Gilles, Saint-Josse-ten-Noode, Etterbeek, Schaerbeek, Uccle, Forest, Jette-Saint-Pierre et Woluwe-Saint-Lambert. La population totale de l'agglomération était, au 31 décembre 1907, de 714,977 habitants.

L'un des faubourgs, Saint-Gilles (61,748 hab.) est entré depuis quelques années dans la voie de la municipalisation des services publics et a donné à ses régies une organisation très industrielle.

Un assez grand nombre de villes et communes exploitent des distributions d'eau. Les régies d'éclairage sont peu nombreuses. Citons pour le gaz: Bruxelles-ville (198,449 hab.); Saint-Gilles (61,748 hab.); Gand (164,933 hab.); Louvain (42,146 hab.); Saint-

Nicolas (33,369 hab.); Lierre (25,146 hab.); Lokeren (22,500 hab.); Termonde (10,173 hab.) et Dinant (7,486 hab.). Ostende (42,419 hab.) possède une usine à gaz qu'elle a affermée à une société.

Pour l'électricité: Bruxelles, Saint-Gilles et Jumet (26,516 hab.).

Les monographies que nous consacrons ci-après aux principales entreprises en régie de Belgique montrent les conditions économiques et financières dans lesquelles elles sont établies et la manière dont elles fonctionnent.

La Régie du Gaz à Bruxelles.

Le gaz fut introduit à Bruxelles en 1819. L'exploitation, concédée pour une durée de 20 ans à une première société, passa en 1839 aux mains de la puissante Compagnie Continentale et Impériale. Après un procès onéreux contre les concessionnaires primitifs, la Ville conclut en 1844 une nouvelle convention avec la Compagnie Continentale et Impériale pour une durée de 30 ans. La Ville obtenait le prix de $2^1/_2$ centimes par lanterne et par heure pour l'éclairage public; aucun tarif n'était stipulé pour les établissements communaux et les particuliers qui payaient à cette époque le gaz à 9 francs les 1,000 pieds cubes anglais, c'est à dire $31^4/_5$ centimes le mètre cube. La Ville s'était réservé, à l'expiration de la concession, le droit de reprendre toutes les installations de la Compagnie, sans y être cependant obligée, avec préavis de 2 ans.

En 1855, la Compagnie proposa, moyennant une réduction annuelle de 30,000 francs sur la somme payée pour l'éclairage public, une prolongation de la concession jusqu'au 1er septembre 1900. La Ville, heureusement pour ses finances, ainsi qu'on le verra plus loin, repoussa cette proposition. En 1860, après l'abolition des octrois en Belgique, le prix du gaz fut abaissé à 25 centimes le mètre cube, réduction proportionnelle à la suppression des droits d'octroi sur les charbons. Cette diminution du prix du gaz fut avantageuse pour les particuliers, mais la Ville perdit, par suite de la suppression des droits d'octroi, une somme de 28,000 francs par an. Déjà, à cette époque, se manifestaient, au sein du Conseil communal, et dans l'opinion publique, de sérieuses tendances en faveur de la municipalisation du gaz et de son exploitation en régie directe. En 1873, le

Conseil communal dénonça le contrat conclu avec la Compagnie Continentale et, tout en ne se montrant pas hostile, en principe, à la régie, décida de mettre l'exploitation du gaz en adjudication publique pour une durée de 30 ans. Le cahier des charges stipulait que le concessionnaire devrait assurer gratuitement l'éclairage public, qui coûtait alors 200,000 francs par an à la Ville; les établissements communaux payeraient 10 centimes le mètre cube et les particuliers 15 centimes; l'adjudication publique déterminerait, en outre, la redevance annuelle à payer à la Ville; cette redevance devait représenter la contre-valeur du monopole concédé et du droit exclusif d'établir une canalisation sous la voie publique.

Malgré une très large publicité en Belgique et à l'étranger, aucune soumission régulière ne parvint à la Ville. Cet échec fut attribué à l'ignorance dans laquelle se trouvaient les compagnies gazières quant au montant exact de la consommation des particuliers.

Faute de trouver un concessionnaire aux conditions ci-dessus, la Ville se décida pour le système de l'exploitation en régie.

L'usine fut construite par M. Somzée avec une rapidité extraordinaire, en moins d'une année, et fut en état de produire immédiatement 8 millions de mètres cubes. L'état défectueux de la canalisation obligea la Ville à la renouveler presque entièrement, et elle supporta de ce chef une dépense de 1 ½ million de francs, qui vint grever le coût de premier établissement de l'usine. Les débuts de l'exploitation furent dès plus heureux. Aussi, chose curieuse, dès 1880, plusieurs propositions de reprise parvinrent à la Ville. Ces propositions donnèrent lieu à de longues discussions au Conseil communal qui, en réalité, ne comptait dans son sein qu'un seul partisan en principe de la régie directe; toutefois, la majorité des membres du Conseil se rendait parfaitement compte de la valeur de la nouvelle exploitation et des ressources financières qu'elle était à même de produire dans l'avenir. Le Conseil estima qu'une des propositions pouvait peut-être contenir des conditions avantageuses pour la Ville. Cette proposition consistait à l'affermage de l'usine par une société. Entre autres avantages, la moitié des bénéfices nets aurait été attribuée à la Ville. La durée de la concession aurait été de 50 années, à l'expiration desquelles toutes les installations, avec les améliorations et les extensions, auraient fait retour à la Ville.

Les partisans de ce système d'exploitation firent surtout valoir qu'il permettrait à la Ville d'échapper à l'aléa inhérent à toute entreprise industrielle. Ils firent également deux prédictions — qui ne se sont, du reste, pas réalisées — au sujet de l'exploitation du gaz, à savoir: 1° que les progrès de l'électricité porteraient un coup mortel au gaz; 2° que les bénéfices de l'exploitation proviendraient surtout, dans l'avenir, du gaz pour le chauffage, et que pour répandre ce mode d'emploi la Ville n'avait pas une capacité commerciale suffisante. Enfin, ils critiquèrent la méthode de comptabilité de la régie. Le Conseil, néanmoins, ne trouva pas la proposition suffisamment avantageuse pour les finances communales et, le 24 mai 1880, consacra définitivement l'établissement de la Régie du gaz à Bruxelles.

La question de la cession de l'usine à gaz fut incontestablement l'une des plus importantes que le Conseil communal de Bruxelles ait jamais eu à trancher. La majorité du Conseil sut heureusement rester sur le terrain des faits sans se laisser influencer par les arguments théoriques des adversaires de la Régie. Elle fut bien inspirée, car l'abandon de l'exploitation directe du gaz eut constitué un véritable désastre pour les finances communales. C'est ainsi qu'on a calculé, par la suite, qu'au 31 décembre 1890, la perte pour la Ville se serait déjà élevée à 10 millions de francs. On pourra juger par les résultats de l'exploitation, que nous publions plus loin, des sommes énormes que la Ville aurait perdues pendant une durée de 50 années.

Les discussions de 1880 furent extrêmement importantes; elles firent époque dans l'histoire de la Municipalisation en Belgique. En effet, comme l'a remarqué, M. Louis Richald, un de ceux qui y prirent part: «Ces discussions ont été le point de départ des réclamations adressées par les villes aux sociétés exploitantes; ces discussions, en exposant au grand jour les résultats d'une exploitation communale, en faisant publiquement connaître le prix coûtant du mètre cube de gaz, ont donné des armes aux justes revendications des communes, ont donné une base aux cahiers des charges d'adjudications, ont montré que non seulement les administrations communales peuvent et savent exploiter, mais aussi de quelles immenses ressources elles se privent en concédant ce monopole.» Les forts excédents de recettes produits par l'exploitation en régie permirent à la Ville de diminuer peu à peu le prix du gaz au grand avantage des consommateurs. Depuis le début, le gaz pour l'éclairage public est livré gratuitement par la Régie; il est facturé à 10 centimes le mètre cube pour les bâtiments communaux.

Le tableau ci-après montre, pour la consommation des particuliers, les différentes réductions consenties par la Ville.

	Eclairage Centimes	Force motrice Centimes	Cuisine et chauffage Centimes
septembre 1875	23	—	—
1er octobre 1875	20	—	—
1er juillet 1882	—	14	—
1er janvier 1884	—	10	—
1er janvier 1885	—	—	10
1er janvier 1886	17	—	—
1er janvier 1887	15	—	—
1er janvier 1892	14	—	—
1er mars 1895	13	10	10

En abaissant à 10 centimes, dès 1885, le prix du gaz pour la cuisine et le chauffage, la Ville avait surtout pour but de propager, spécialement pendant la saison d'été, l'emploi d'appareils de cuisine au gaz; cette excellente mesure amena une augmentation considérable de la consommation du gaz. A partir de 1886, les conduites montantes, qui amènent le gaz aux compteurs des étages, furent posées gratuitement; la Régie se chargea, en outre, de la fourniture des tuyaux d'intérieur au delà des compteurs moyennant une redevance de location qui fut fixée à 5 % du coût de l'installation. Quant aux travaux relatifs aux conduites montantes et aux distributions intérieures, la Ville décida qu'ils devraient être exécutés par des entrepreneurs gaziers agréés par elle et rétribués d'après un barême spécialement établi.

Cette décision provoqua de vives protestations de la part des entrepreneurs gaziers qui se prétendirent lésés dans leurs intérêts. Ces réclamations se sont d'ailleurs reproduites par la suite. Tout récemment encore, la corporation des gaziers et des fabricants d'appareils de chauffage a fait entendre des plaintes très vives au sujet des installations de gaz et des appareils d'éclairage et de chauffage que la Ville loue aux particuliers. Au sujet des installations données en location, la Ville a fait remarquer que loin de faire concurrence aux entrepreneurs gaziers, elle leur avait procuré pour plus d'un million de francs de travaux pour le compte des particuliers.

Quant aux appareils d'éclairage et de chauffage, la Ville fit valoir qu'elle avait refusé jadis d'adopter le système de donner gratuitement les appareils en location comme cela s'est fait à Paris. Elle préféra, au contraire, le système de la location, à un taux relativement élevé, pour nuire le moins possible à l'industrie privée. La Ville possède actuellement pour un million de francs d'appareils placés en location, et il n'est pas admissible que l'on vienne exiger qu'elle s'en débarrasse. Il est également nécessaire que la Ville exerce une certaine surveillance sur les canalisations intérieures, attendu qu'on avait constaté, autrefois, que par suite des défectuosités des canalisations et leur insuffisance de diamètre, il était impossible d'obtenir un chauffage au gaz convenable.

Au sujet de ces critiques, on peut d'ailleurs dire, en général, que les villes, qui exploitent en régie, n'ont fait, pour ce qui est de la location des appareils à gaz, qu'imiter les compagnies concessionnaires. Du reste, comme l'a très bien fait remarquer M. Jeeves, Town Clerk de Leeds, dans sa déposition lors de l'Enquête anglaise de 1900 sur le Municipal Trading: «Le public préfère la location des appareils, chose que les gaziers et les quincailliers ne pourraient pas entreprendre. Or, si les usines à gaz ne louaient pas les appareils, les détaillants n'en vendraient pas, et ne pouvant les louer, qu'arriverait-il? Que les corporations et les compagnies vendraient beaucoup moins de gaz au grand détriment du public et même des gaziers et quincailliers.»

On ne saurait mieux dire. Au surplus, il importe de remarquer que si les villes qui exploitent le gaz en régie abandonnaient la location des appareils, des sociétés privées se constitueraient aussitôt pour l'exploitation de cette branche de l'industrie gazière, et ainsi il n'y aurait rien de changé pour les entrepreneurs gaziers.

En réalité, les villes qui agissent comme la Ville de Bruxelles font œuvre de bons industriels en ne négligeant rien qui soit de nature à développer l'emploi du gaz pour le chauffage et l'éclairage.

Résultats de l'exploitation.

Les statistiques que nous reproduisons donnent une idée des progrès incessants de la Régie du gaz de la Ville de Bruxelles.

Le tableau ci-après renseigne les quantités de gaz émises depuis l'origine ainsi que le prix de vente moyen.

Années	Gaz vendu m³	Eclairage public et illuminations m³	Usines et bureaux m³	Pertes m³	Total du gaz émis m³	Prix de vente moyen en centimes
1875—76	14,445,000	4,316,000	48,000	8,689,000	27,498,000	19,98
1880	13,976,246	2,496,726	274,155	1,335,433	18,082,560	19,69
1885	14,644,043	2,768,130	410,286	906,071	18,728,530	19,38
1890	19,879,371	3,954,149	764,011	1,306,109	25,903,640	13,95
1895	25,343,249	4,351,734	1,216,332	1,071,975	31,983,290	12,73
1900	33,230,010	5,198,855	1,334,840	1,004,545	40,768,250	12,26
1905	39,986,157	2,882,083	1,732,155	888,845	45,489,240	12,12
1907	38,680,013	3,072,157	1,771,113	835,117	44,358,400	12,22

Les chiffres ci-dessous indiquent l'augmentation de la vente du gaz.

Années	Gaz vendu aux abonnés m³	Nombre d'habitants	Gaz vendu par habitant m³
1886	14,660,966	173,123	85
1890	19,879,371	176,139	112
1895	25,343,249	179,909	141
1900	33,230,010	183,686	181
1905	39,986,157	190,905	209
1907	38,680,013	192,153	201

On remarquera l'énorme accroissement de la consommation des particuliers, si l'on tient compte surtout que le chiffre de la population de Bruxelles ne s'est élevé que dans des proportions très restreintes.

Les renseignements relatifs à la situation, depuis 1886, des compteurs, des installations et des appareils en location ne sont pas moins suggestifs:

Années	Compteurs en service	Colonnes montantes	Installations	Appareils de chauffage et de cuisine
1886	11,129	34	30	—
1890	13,838	638	766	1,348
1895	17,989	1,751	3,101	8,054
1900	29,566	4,083	10,029	21,328
1905	38,384	5,912	14,522	26,115
1907	42,079	6,354	15,537	27,626

Il résulte des indications que nous venons de mettre sous les yeux de nos lecteurs qu'en 31 années la consommation de gaz a presque triplé; elle atteignait, pour l'année 1907, le chiffre remarquable de 201 mètres cubes par habitant. Il importe d'observer immédiatement que ce magnifique résultat a été obtenu malgré la concurrence de l'électricité. Cette constatation démontre, à toute évidence, que les deux modes d'éclairage peuvent parfaitement subsister l'un à côté de l'autre, attendu qu'ils répondent à des besoins différents.

La Régie n'a d'ailleurs rien négligé pour vulgariser l'emploi du gaz pour le chauffage et la cuisine. Elle est parvenue à donner à tous ses services une réelle impulsion commerciale et a notamment tiré le meilleur parti possible de tous les sous-produits de ses usines.

Voici, enfin, un tableau qui renseigne les résultats financiers de l'entreprise, le capital de premier établissement, les dépenses, les recettes et les bénéfices d'exploitation:

Années	Capital de Ier établissement Fr.	Recettes Fr.	Dépenses Fr.	Bénéfices Fr.
1876	9,031,766.18	3,207,166.99	2,868,024.03	339,142.96
1880	12,254,453.47	3,792,193.85	2,204,819.68	1,587,374.17
1885	13,497,432.66	4,070,822.59	2,060,401.82	2,010,420.77
1890	14,455,098.96	4,702,220.55	3,306,461.65	1,395,758.90
1895	19,282,342.69	5,191,266.89	3,589,222.91	1,601,343.98
1900	26,689,290.90	7,813,868.18	5,996,538.15	1,817,330.03
1905	31,188,320.87	7,105,454.97	4,206,884.33	2,819,250.41
1907	32,059,212.82	7,336,903.65	5,150,770.94	2,349,587.56

Ces résultats financiers sont remarquables. Il faut ajouter aux bénéfices indiqués ci-dessus la valeur de l'éclairage public, soit au moins 400,000 francs par an, fourni gratuitement à la Ville par la Régie. Si l'on totalise, depuis l'origine, tous les bénéfices et qu'on y ajoute la valeur de l'éclairage public, on constate que la Ville a encaissé une somme de plus de 60 millions de francs. Cette somme énorme est largement suffisante pour rembourser le capital de 1er établissement et laisser encore de très gros bénéfices à la Ville. La Régie du gaz de la Ville de Bruxelles, dont la réputation est du reste européenne, montre avec éloquence ce qu'une administration peut faire et obtenir dans la voie de la Municipalisation des services publics. Cette magnifique entreprise peut servir d'exemple utile aux villes de Belgique et de l'Étranger.

La Régie de l'Électricité à Bruxelles.

La Régie de l'Électricité ne date que de 1892. Avant cette époque, il n'existait à Bruxelles qu'une petite exploitation communale desservant un certain nombre d'édifices publics, et quelques installations privées qui livraient l'électricité à des particuliers.

La Ville, en décidant l'organisation d'un service d'éclairage général, eut en principe l'intention de confier l'exploitation à une société concessionnaire. De longues discussions eurent lieu, à ce sujet, au Conseil communal. Les partisans de la régie directe firent valoir qu'il était impossible pour la Ville de créer, par une concession, une concurrence à la Régie du gaz dans laquelle d'importants capitaux étaient engagés; de plus, ils firent ressortir les excellents résultats obtenus à l'étranger, et notamment en Allemagne.

Finalement, le Conseil communal adopta le système d'exploitation en régie.

L'usine, construite par l'India Rubber Company, fut mise en exploitation le 3 novembre 1893. Le prix des 100 watts-heures fut fixé au début à 10 centimes; d'importantes réductions étaient accordées pour les grandes consommations. Pour 1,000 heures de consommation par lampe, il était accordé 5 % de réduction; au delà de 1,000 heures, le taux de la réduction était augmenté de 1 centime par heure supplémentaire; la réduction était, par exemple, de 20 % pour 2,500 heures. Le maximum de réduction était de 25 %. De plus, lorsque le montant de douze factures mensuelles, déduction faite de la réduction ci-dessus, dépassait 5,000 francs, il était déduit 20 % sur l'excédent. Pour la force motrice, le prix était de 6 centimes les 100 watts-heures. Un minimum annuel de consommation de 5 francs par lampe à incandescence et de 25 francs par lampe à arc était exigé. Les neuf premiers mois d'exploitation ne donnèrent qu'un bénéfice minime. Cette situation provenait du prix élevé de l'électricité et du développement de l'éclairage à l'incandescence. La Ville s'empressa d'abaisser le prix des 100 watts-heures à 8 centimes pour l'éclairage et à 5 centimes pour la force motrice; elle reconnut aussi la nécessité d'établir deux usines secondaires.

De nouvelles réductions du tarif eurent lieu successivement jusqu'au tarif actuel qui est ainsi fixé:

Éclairage pour particuliers: 45 centimes le K.W.H. de février à octobre et 55 centimes pour le reste de l'année.

Eclairage pour étalages: 40 centimes le K.W.H. de février à octobre et 50 centimes pour le reste de l'année.

L'électricité est fournie à 40 centimes le K.W.H. aux abonnés qui s'engagent, pour un terme de 6 ans, à consommer annuellement pour 6,000 francs minimum.

Force motrice, chauffage et divers: 20 centimes le K.W.H.

Résultats de l'exploitation.

La Régie fournit gratuitement l'électricité pour l'éclairage public; pour les bâtiments communaux l'électricité est facturée à 50 centimes pour l'éclairage et à 25 centimes pour la force motrice.

Depuis 1894, le service a pris un très grand développement. On en jugera par le tableau ci-après:

Années	Nombre d'abonnés	Nombre de lampes installées	Nombre d'hectowatts vendus aux abonnés	Nombre total d'hectowatts livrés, y compris l'éclairage public
1894	146	11,655	1,570,527	2,108,979
1897	739	47,391	9,737,390	10,456,916
1900	1,861	107,390	20,731,830	21,427,970
1903	2,913	165,493	28,589,705	30,515,964
1906	3,685	221,073	39,881,130	43,958,750
1907	4,140	262,008	47,218,930	55,344,940

L'industrie électrique a fait de grands progrès depuis la création de la Régie. Aussi, la Ville a été obligée de donner une forte extension à ses installations, de façon à faire face à l'augmentation constante de la consommation, et de livrer le courant au même prix que les entreprises similaires.

En 1904, la Ville confia l'établissement de nouvelles installations à la Société belge d'électricité A. E. G. et la Société Union électrique. Ces sociétés avaient offert d'entreprendre les travaux pour une somme globale et à forfait de 3,090,400 francs, non compris les bâtiments estimés à 1,285,000 francs; elles garantissaient à la Ville, pour une période de dix ans, que le prix de revient du courant à haute tension ne dépasserait pas 10 centimes à l'entrée des sous-stations et 18,5 à leur sortie.

La Ville dispose actuellement d'une usine centrale située à Laeken et de 5 sous-stations réparties dans les divers quartiers de la Ville.

A la date du 31 décembre 1907, le développement total des câbles posés était de 456 kilomètres.

L'éclairage public se fait concurremment avec le gaz; pour l'électricité, il est assuré, sur les grands boulevards de la Ville, et en d'autres endroits fréquentés, par 225 lampes à arc. L'éclairage public par l'électricité est naturellement appelé à un grand développement.

Les chiffres ci-après sont relatifs aux résultats financiers de la Régie. Comme nous en avons déjà fait la remarque pour d'autres entreprises, les bénéfices indiqués sont des bénéfices bruts, établis sans amortissement financier ni industriel.

Années	Capital de 1er établissement Fr.	Recettes Fr.	Dépenses Fr.	Excédents de recettes Fr.
1894	2,196,832.23	146,548.95	83,672.85	62,876.10
1897	5,572,011.95	683,044.65	278,427.99	404,616.66
1900	7,863,903.09	1,330,598.02	482,808.12	847,789.90
1903	10,952,124.38	1,915,547.42	592,445.52	1,323,101.90
1906	15,558,171.28	2,356,848.09	998,004.98	1,358,843.11
1907	16,877,473.57	2,666,747.78	1,149,399.08	1,517,348.70

Une comptabilité industrielle est en voie d'organisation à la Régie de l'Électricité; elle permettra de se rendre exactement compte de la valeur de l'entreprise.

Disons cependant qu'un bilan de l'exploitation avait déjà été établi en 1903. Il résulte de ce bilan que de 1896 à 1903, les amortissements financiers s'étaient élevés à fr. 2,008,711.44 et les amortissements industriels à fr. 2,038,763.08. Déduction faite de ces amortissements, il restait, pour la même période, un bénéfice net total de fr. 2,014,138.39, représentant, pour l'exercice 1903, 5,41 % du capital engagé.

A titre de comparaison, il est bon de remarquer que la législation anglaise a limité à 5 % les bénéfices nets que les municipalités peuvent retirer de leurs entreprises d'électricité, le surplus des bénéfices devant être consacré à des réductions de tarifs. Ce bénéfice de 5 % est donc considéré en Angleterre comme rémunérant suffisamment les capitaux des municipalités. Si donc, la Ville de Bruxelles, qui vient d'étendre considérablement ses installations et de dégrever ses tarifs de vente, peut maintenir le bénéfice net actuel, il est permis de croire qu'elle fera une opération satisfaisante pour ses finances et l'intérêt public.

La Régie des Eaux à Bruxelles.

La Régie des Eaux de Bruxelles présente un assez grand intérêt en point de vue de l'étude de la Municipalisation des Services publics. Elle a eu, en effet, pendant longtemps la clientèle des faubourgs de Bruxelles et les dessert encore en partie.

Inaugurée en 1853, elle ne tarda pas à prendre une très grande extension par suite de l'augmentation de la consommation. La Ville dispose actuellement de 30,000 mètres cubes d'eau par jour.

Les tarifs de vente de l'eau ont subi de nombreux changements. Au début, la Ville offrit, sans rencontrer beaucoup de succès, des concessions perpétuelles au prix une fois payé de 60 francs par hectolitre de consommation journalière. Puis, en 1855, apparut un tarif basé sur le mode de consommation: usages domestiques, usages d'agrément et usages industriels. Les abonnés avaient le choix entre deux systèmes: une taxe proportionnelle sur le revenu cadastral des immeubles reliés à la distribution ou le paiement d'après les quantités consommées et mesurées au compteur. L'eau mesurée au compteur était livrée à 15 centimes le mètre cube pour les usages domestiques et d'agrément, et à 11 centimes pour les usages industriels.

Ce tarif produisit de très mauvais résultats financiers. La Ville perdit, en effet, de 1855 à 1868, en tenant compte de l'intérêt et de l'amortissement du capital engagé, 200,000 francs en moyenne par an. Or, comme ce déficit était couvert à l'aide des impôts par les contribuables de la Ville, ceux-ci étaient évidemment désavantagés vis-à-vis des habitants des faubourgs.

En 1870, le tarif des eaux fut modifié. Le prix de l'eau fut fixé à 3 centimes l'hectolitre pour les habitants de Bruxelles et à 4 centimes pour ceux des faubourgs, avec un minimum de redevance de 18 francs pour les premiers et de 24 francs pour les seconds; la redevance minimum donnait droit à 600 hectolitres par an. Pour les usages industriels, le prix de l'hectolitre était porté à $1^1/_2$ centime avec une redevance minimum de 50 francs pour 2,730 hectolitres. Des réductions importantes étaient accordées pour les immeubles occupés par la classe ouvrière.

Ce tarif resta en vigueur jusqu'au 1er janvier 1905. A partir de cette date il fut fixé comme suit:

1° Usage domestique. Redevance minimum: 22 francs par an, donnant droit à 600 hectolitres; hectolitre supplémentaire: $4^1/_2$ centimes.

2° Usage industriel. Redevance minimum: 50 francs par an, donnant droit à 2,222 hectolitres; hectolitre supplémentaire: $2^1/_4$ centimes.

Eaux pour construction: 5 centimes l'hectolitre en ville et 10 centimes dans les faubourgs, ou bien d'après cubage et mesurage sur la base de 322 litres d'eau par mètre cube de maçonnerie et 23,2 litres par mètre carré d'enduit.

3° Usage domestique et industriel. Redevance minimum: 45 francs par an, donnant droit à 600 hectolitres et 1,022 hectolitres à $2^1/_4$ centimes; hectolitre supplémentaire: $2^1/_4$ centimes.

4° Usage ouvrier. Pour les maisons habitées exclusivement par des ouvriers non patentés ou pour celles dont le revenu cadastral ne dépasse pas 150 francs: redevance minimum: 6 francs par an, donnant droit à 600 hectolitres; hectolitre supplémentaire: 1 centime.

Pour les logements ouvriers branchés sur colonnes montantes ou pour les maisons ouvrières occupées par leur propriétaire sans aucun locataire: abonnement et loyer du compteur: fr. 2,50 par trimestre et par anticipation, donnant droit à 150 hectolitres correspondant à un minimum de 600 hectolitres par an et par logement; hectolitre supplémentaire: 1 centime.

5° Compteurs. Suivant le calibre, de 10 à 150 millimètres, le prix de vente varie de 92 à 2,500 francs et le prix de location, y compris les frais d'entretien, de 12 à 300 francs par an.

La Ville, sur demande des locataires, approuvée par les propriétaires, établit gratuitement des raccordements et des colonnes montantes dans les logements occupés exclusivement par des ouvriers non patentés. Ces raccordements et colonnes montantes restent la propriété de la Ville, mais le propriétaire de l'immeuble assume la charge de leur entretien. Des abonnements spéciaux, branchés sur colonnes montantes, sont accordés pour les logements ouvriers sur demande des locataires, approuvée par le propriétaire. Les frais de placement des branchements particuliers, de placement de compteurs et d'établissement de colonnes montantes dans les immeubles autres que ceux désignés ci-dessus sont à la charge du propriétaire. Les intéressés en acquittent le prix soit au comptant, soit au moyen de onze annuités égales au dizième de la dépense effectuée. Dans les cas de remboursement par annuités, l'installation n'appartient au propriétaire qu'après le paiement de la onzième annuité. Toutefois, il lui est facultatif d'acquérir l'installation à toute époque en payant le total des annuités restant dues, déduction faite d'un escompte unique de 5 % sur ces annuités.

On remarquera que ce tarif favorise particulièrement les immeubles occupés par la classe ouvrière. Il est hors de doute que ces conditions avantageuses ne contribuent au développement de l'hygiène dans les quartiers populaires.

Nous avons dit que la Ville fournissait l'eau de sa distribution aux communes-faubourgs. Elle se trouvait donc vis-à-vis des faubourgs dans la situation d'un concessionnaire. Pendant longtemps, aucune difficulté ne se produisit entre la ville et les faubourgs; les premières réclamations surgirent après 1870. Ce fut le début d'une période de conflits, parfois assez aigus, qui ne devait prendre fin qu'en 1895, par la rupture de la Ville avec la plupart des faubourgs. Ceux-ci reprochaient principalement à la Ville: 1° de ne pas avoir d'eau en quantité suffisante; 2° de réaliser des bénéfices exagérés; 3° de ne pas fournir aux faubourgs de l'eau à bon marché pour les services publics.

Pendant quelques années, la situation fut très tendue, des procès s'engagèrent même. Finalement, la Ville faisant preuve d'un très grand esprit de conciliation, des conventions intervinrent et mirent fin au différend.

Sept faubourgs: Schaerbeek, Ixelles, Saint-Gilles, Saint-Josse-ten-Noode, Anderlecht, Laeken et Forest se séparèrent de la Capitale. Trois autres faubourgs: Molenbeek-Saint-Jean, Etterbeek et Uccle contractèrent à nouveau avec la Ville pour un terme de 35 années. Comme nous le verrons plus loin, les faubourgs constituèrent une société intercommunale pour l'exploitation du service des eaux.

Les premières années de la Régie des Eaux à Bruxelles furent très difficiles. Le public montra peu d'empressement pour s'abonner et, de plus, le tarif primitif était absolument défectueux. Ce ne fut qu'après 1870 que l'exploitation devint quelque peu rémunératrice; en 1873, elle rapportait 6,30 % du capital engagé. Mais, les frais de premier établissement ne cessant de s'accroître, la rémunération du capital ne fut plus, en 1879, que de 3,66 %. Après la revision des tarifs, la rentabilité de l'entreprise se releva pour atteindre 9,33 % en 1898. A partir du 1er janvier 1899, la Ville perdit la clientèle des faubourgs et 15,595 abonnés; l'intérêt tomba à 5,31 %; il tend à augmenter depuis cette époque.

Les faubourgs ont autrefois mené une vive campagne contre les bénéfices de la Régie des Eaux qu'ils qualifiaient d'exagérés. Or, les comptes de la Régie n'étaient pas tenus industriellement; aussi, si l'on déduit, par exemple, des bénéfices de 1898 la somme nécessaire pour l'intérêt et l'amortissement du capital, on obtient, pour cette année, comme rendement net 6,48 %. Les bénéfices que la Ville a encaissés pendant quelques années n'étaient, en réalité, qu'une faible compensation des déficits des exercices précédents.

Les démêlés que la Ville de Bruxelles a eus avec ses faubourgs montre les inconvénients qui peuvent résulter du fait qu'une municipalité devient concessionnaire d'une ou plusieurs autres.

En effet, si l'entreprise est en déficit, toutes les charges financières qui en sont la conséquence, retombent exclusivement sur les contribuables de la municipalité concessionnaire. Au contraire, s'il y a des bénéfices, la concessionnaire est immédiatement accusée d'exploiter ses voisines.

Cette question spéciale a, d'ailleurs, fait l'objet de nombreuses discussions, notamment en Angleterre. Dans ce pays, elle a même provoqué l'intervention du pouvoir central. C'est ainsi que le Local Government Board ne tolère plus actuellement la vente de l'eau par une municipalité à une autre qu'en gros; la vente en détail, c'est-à-dire au consommateur même est interdite, bien entendu pour les nouvelles autorisations accordées. Nous croyons également qu'il y a de sérieux avantages à procéder de cette manière, aussi bien pour le gaz et l'électricité que pour l'eau. On peut de cette façon sauvegarder et les intérêts de la municipalité concessionnaire et la liberté d'action des communes qui sont ses clientes.

Résultats de l'exploitation.

Le tableau ci-après renseigne les résultats financiers de la Régie des Eaux de Bruxelles. Les bénéfices indiqués ne représentent que l'excédent des recettes ordinaires sur les dépenses ordinaires d'exploitation; ce ne sont donc que des bénéfices bruts.

Années	Frais de premier établissement Fr.	Bénéfices Fr.
1853	39,881.08	1,625.00
1860	5,948,267.32	106,583.73
1870	6,906,378.55	262,679.92
1880	11,194,066.48	623,919.52
1890	13,534,048.88	1,146,670.75
1898	17,500,326.06	1,633,587.41
1903	19,842,914.10	1,208,579.82
1907	21,802,959.18	1,113,773.92

Voici les résultats des trois derniers exercices:

Années	Dépenses ordinaires Fr.	Recettes ordinaires Fr.	Bénéfices Fr.
1905	774,728.90	1,825,767.52	1,051,038.62
1906	796,118.47	1,933,873.12	1,137,754.65
1907	914,193.66	2,027,967.58	1,113,773.92

Depuis le 1er janvier 1899, la Régie pourvoit aux besoins des services publics et des habitants de Bruxelles, Molenbeek-St.-Jean, Etterbeek et Uccle, comptant ensemble une population de 317,115 âmes.

Le revenu brut de la Régie tend à se rapprocher de celui de la période favorable de 1880—1898. Cette bonne situation financière, due à l'excellente gestion de l'entreprise, a permis, comme nous l'avons vu, de diminuer les tarifs à partir du 1er juillet 1905. Au 31 décembre 1907, le nombre de concessions était de 31,232. Elles se répartissent comme suit:

Concessions ordinaires	pour maisons ouvrières	3,058
	„ usage domestique	24,795
	„ „ industriel	1,500
	par compteur provisoire	1,019
Concessions perpétuelles	pour maisons ouvrières	20
	„ usage domestique	642
	„ „ industriel	53
Concessions pour services publics		145
	Total	31,232.

La Régie du gaz à Saint-Gilles.

La Régie du gaz de St. Gilles a été mise en exploitation le 1er septembre 1901, succédant à une concession accordée pendant de longues années à la Compagnie Continentale et Impériale.

Dès le début, la commune de St. Gilles donna à la nouvelle régie une organisation nettement industrielle. La commune emprunta une somme de 4 millions de francs au taux de 3,67 %. L'usine fut construite sur le territoire d'Anderlecht, commune voisine; les canalisations existantes furent reprises à la Compagnie Continentale et une canalisation nouvelle, reliant l'usine à la commune, fut créée. Au 31 décembre 1901, le coût total des installations, établies pour une production de 9 millions de mètres cubes par an, se montait à environ 4,200,000 francs.

La Régie forme un service industriel ayant son existence propre et son budget spécial; elle établit chaque année son bilan et son compte de profits et pertes. La commune est considérée comme le bailleur de fonds de la Régie qui doit assurer elle-même, par ses propres ressources, son service financier.

Un fonds d'amortissement a été créé; il est alimenté par des prélèvements sur les bénéfices et jouit d'un intérêt de 3 1/2 % l'an.

La Régie est tenue de fournir à la Commune, gratuitement, le gaz nécessaire à l'éclairage public avec charge de l'entretien des becs et des lanternes, et à 10 centimes le mètre cube le gaz employé par les bâtiments communaux. Comme dans la plupart des communes qui exploitent en régie directe, ces charges sont considérées comme des redevances imposées au service du chef de l'utilisation de la voie publique.

Pour les particuliers, les prix sont fixés comme suit:

Gaz d'éclairage	13	centimes le m^3
„ de chauffage et industriel	12	„ „
„ pour moteurs	10	„ „
„ pour forains	15	„ „
„ par compteurs à paiement préalable . .	14	„ „ .

Depuis l'établissement de la Régie, le nombre d'abonnés s'est accru dans des proportions considérables. Il était, au 1er septembre 1901, de 4,997. Voici les chiffres pour les années suivantes:

1902	5,736
1903	6,235
1904	6,772
1905	7,744
1906	9,215
1907	10,823.

L'accroissement total a donc été de 5,826 abonnés du 1er septembre 1901 au 31 décembre 1907, soit une augmentation de 116,59 %.

Quant au nombre de moteurs, il est passé en 6 années de 92 à 107. C'est une très faible augmentation; mais l'Administration communale de St. Gilles fait, à ce sujet, une remarque intéressante: la petite industrie se sert également de moteurs électriques et l'industrie employant des forces moyennes donne souvent la préférence aux moteurs à gaz pauvre; ce sont donc là des obstacles qui s'opposent au développement des moteurs de ville.

Quant au développement des appareils de cuisine et de chauffage, il a été énorme. Alors que la Régie en avait placé 2,950 en location en 1901, le nombre de ces appareils était, en 1907, de 8,750.

Les tableaux qui suivent permettent de se rendre compte de la valeur de l'entreprise.

Années	Emission totale Mètres cubes	Gaz vendu Mètres cubes	Pertes et éclairage public Mètres cubes
1902	6,857,487	5,485,672	1,371,815
1903	6,806,982	5,618,530	1,188,452
1904	7,051,870	6,020,437	1,031,433
1905	7,617,330	6,527,128	1,090,202
1906	8,360,200	7,205,990	1,154,210
1907	9,252,430	7,964,956	1,287,474

Années	Dépenses d'exploitation Fr.	Valeur des sous-produits Fr.	Recettes diverses Fr.	Frais nets d'exploitation Fr.
1902	980,735.45	268,506.47	71,961.91	640,267.07
1903	952,369.26	292,388.09	102,730.46	557,250.71
1904	1,013,213.93	318,656.42	103,845.63	590,711.88
1905	1,034,453.55	350,342.45	92,253.81	591,857.29
1906	1,179,043.83	395,622.33	126,177.59	657,243.91
1907	1,334,361.82	473,943.23	114,422.61	745,995.98

Années	Frais nets d'exploitation Fr.	Gaz vendu Fr.	Gaz en cloche Fr.	Frais divers Fr.	Bénéfices Fr.
1902	640,267.07	736,292.54	407.32	22,172.11	74,155.25
1903	557,250.71	753,221.70	409.97	10,492.64	185,416.74
1904	590,711.88	807,506.56	40.44	6,040.49	211,135.05
1905	591,857.29	823,641.63	223.11	7,999.32	228,958.95
1906	657,243.91	911,736.64	39.10	15,517.73	239,668.92
1907	745,995.98	1,007,379.39	7.36	16,607.78	267,896.25

Le fonds d'amortissement industriel atteignait au 31 décembre 1907 fr. 332,971.35.

A la même date, le montant des bénéfices accumulés depuis l'établissement de la Régie était de fr. 1,130,249.86, dont fr. 797,278.51 ont été versés, comme bénéfices nets, à la Caisse communale. Quant au capital de 1er établissement, il s'élevait à fr. 5,426,999.36.

Ces brillants résultats montrent les avantages que les habitants de St. Gilles ont retiré de la Régie. En effet, la concession du gaz ne rapportait rien à la commune; de plus, elle devait payer l'éclairage public. La Régie du gaz de St. Gilles peut donc être enregistrée comme un succès à l'actif de la Municipalisation des services publics.

La Régie de l'Électricité à Saint-Gilles.

L'exploitation en régie du service du gaz permettait à la Commune de Saint-Gilles de se réserver une entière liberté pour l'entreprise d'un service d'électricité.

La création d'une régie d'électricité fut décidée en 1901, la commune ayant acquis la certitude qu'elle pouvait être assurée d'une clientèle sérieuse. La nouvelle régie fut érigée comme celle du gaz en service industriel à organisation distincte et indépendante des autres services communaux, ayant son existence propre, son budget spécial, établissant chaque année son bilan et son compte de profits et pertes, ayant la Commune comme bailleur de fonds et assurant lui-même, par ses propres ressources, son service financier.

L'usine fut inaugurée le 15 décembre 1901.

Les tarifs subirent plusieurs modifications dictées par l'expérience. Ils sont actuellement fixés comme suit:

La durée d'abonnement est d'un an; la Commune entretient et établit à ses frais les branchements et accessoires depuis la conduite principale jusqu'au compteur, à la condition que l'abonnement ait une durée de 6 ans. Le courant est livré à 57 centimes le kilowatt-heure pour l'éclairage. Il est toutefois accordé des réductions aux grands consommateurs; ceux-ci, suivant l'importance de la consommation, paient le kilowatt-heure 53, 47 ou 40 centimes. Les réductions de prix sont accordées suivant que la consommation dépasse un nombre de kilowatts-heures équivalent à l'emploi maximum dont l'installation de l'abonné est susceptible pendant 1, 2 ou 3 heures par jour. Pour les grandes installations, consommant de l'électricité pendant plus de 3 heures par jour toute l'année, il existe un tarif dégressif sur les bases suivantes, calculées non plus à raison du nombre d'heures, mais en raison de la quantité du courant:

1°	Pour une consommation de plus de	10,000	k.-w.-h.	39	centimes	le k.-w.-h.
2°	„	15,000	„	38	„	„
3°	„	20,000	„	37	„	„
4°	„	25,000	„	36	„	„
5°	„	30,000	„	35	„	„
6°	„	40,000	„	34	„	„
7°	„	50,000	„	33	„	„
8°	„	65,000	„	32	„	„
9°	„	80,000	„	31	„	„
10°	„	100,000	„	30	„	„

Pour la force motrice et le chauffage, le tarif, également établi sur des bases dégressives, varie de 30 à 18 centimes le kilowatt-heure.

L'électricité est fournie aux bâtiments communaux à 30 centimes le kilowatt-heure. La Régie livre gratuitement à la Commune l'électricité pour l'éclairage public; c'est une charge analogue à celle qui est imposée à la Régie du gaz.

Pendant la première année d'exploitation, la Régie produisit 115,306 k.-w.-h. Pour les années suivantes, la production, la livraison et la vente s'établissent comme suit:

		1902	1904	1907
K.-W.-H.	produits	115,306	301,206	702,235
„	livrés	69,200	262,341	605,582
„	vendus pour l'éclairage	60,143	162,588	471,718
„	„ „ la force motrice	2,774	33,791	113,719
„	Éclairage public	—	6,700	20,545
„	Bâtiments communaux	—	6,666	18,425
„	Locaux d'exploitation	6,282	52,594	94,893

	1902	1904	1907
Prix de revient du k.-w.-h. émis	fr. 0,4470786	fr. 0,2534922	fr. 0,2241883
„ „ „ „ „ vendu	„ 0,5186538	„ 0,3760685	„ 0,3211014

Le nombre d'abonnés est renseigné dans le tableau ci-après:

Années	Éclairage	Force motrice
1902	131	5
1904	273	32
1907	552	89

Les chiffres suivants permettent d'apprécier les résultats financiers de l'entreprise:

Années	Pertes Fr.	Bénéfices Fr.
1902	22,313.11	—
1903	6,430.09	—
1904	—	18,748.15
1905	—	44,344.62
1906	—	72,233.37
1907	—	55,395.70

Les pertes subies pendant les 2 premières années sont presque inhérentes à une entreprise aussi nouvelle qu'une exploitation d'électricité. La diminution des bénéfices en 1907 provient notamment de l'augmentation des frais de combustible et de l'éclairage public. Le fonds d'amortissement industriel s'élevait, au 31 décembre 1907, à fr. 130,612.70. Le capital de l'entreprise est de fr. 1,378,086.24. La Régie de l'électricité, corollaire de celle du gaz, constitue une œuvre intéressante susceptible, sans aucun doute, de beaucoup de progrès dans l'avenir.

La Régie du Gaz à Gand.

La Régie du gaz de Gand est récente. Elle ne date, en effet, que du 1er octobre 1900. Elle fournit également l'éclairage public et privé aux deux communes limitrophes de Mont-St.-Amand et de Ledeberg qui forment avec Gand une agglomération de 194,095 habitants.

L'éclairage au gaz existe à Gand depuis 1824. Une concession fut accordée d'abord à un particulier; ensuite, à partir de 1846, à la Compagnie Continentale et Impériale, à laquelle succéda, en 1879, la Compagnie du Gaz de Gand.

Le rachat des installations de cette société par la Ville fut effectué dans des circonstances intéressantes. En effet, la société était en possession d'un monopole d'éclairage; forte de ses droits, elle refusait d'étendre l'usage de becs à incandescence et interdisait à la Ville d'éclairer les voies publiques au moyen de l'électricité. La meilleure solution consistait donc dans le rachat, opération qui fut exécutée à des conditions très favorables pour la Ville.

Les installations de la Compagnie étaient en très bon état; son actif figurait à son dernier bilan pour 11 millions de francs. La Compagnie payait à ses obligataires 5 % et devait amortir son capital avant 1911. Or, la Ville pouvait trouver des capitaux à $3^1/_2$ % avec amortissement en 30 années. L'affaire fut menée très rapidement, la Ville racheta tout l'actif de la Compagnie pour 6,051,000 francs et emprunta, au taux indiqué ci-dessus, 5 millions de francs aux institutions de bienfaisance.

L'exploitation en régie a commencé le 1er octobre 1900.

Le nombre d'abonnés s'établit comme suit:

Années	Gand	Ledeberg	Mont-St.-Amand	Total
1900	6,269	288	102	6,659
1901	6,277	342	131	7,150
1902	7,233	390	162	7,785
1903	8,040	449	268	8,757
1904	8,769	507	361	9,637
1905	9,288	551	430	10,269
1906	9,930	593	529	11,052
1907	10,778	672	631	12,081

Il y a donc eu, en 7 ans et 3 mois, une augmentation de 5,422 abonnés, soit 81 %. C'est, on en conviendra, un magnifique résultat pour la régie et qui démontre, à suffisance, combien elle était nécessaire.

Le gaz est vendu au prix de 15 centimes le m^3 pour l'éclairage et à 10 centimes pour le chauffage et la force motrice; il est facturé aux établissements communaux à raison de 5 centimes le m^3; il est livré gratuitement pour l'éclairage public. Des remises sont faites aux grands consommateurs. Les statistiques ci-après donnent les résultats de l'exploitation:

	1901 m³	1904 m³	1907 m³
Vente du gaz aux particuliers . . .	8,466,379	10,430,960	12,074,822
id. aux Administrations .	615,520	749,868	692,457
Total du gaz vendu	9,803,897	11,180,828	12,767,279
Eclairage public gratuit	1,787,381	1,565,930	1,697,364
Usines, annexes, etc.	234,915	246,620	280,418
Total du gaz consommé	11,106,193	12,993,378	14,745,061
Pertes.	315,377	440,162	306,709
Total de l'émission	11,421,570	13,433,540	15,051,770
	fr.	fr.	fr.
La vente a produit	1,206,833.64	1,451,910.81	1,656,157.24
Moins la remise aux abonnés. . . .	64,530.64	59.846.55	54.658.10
Soit net.	1,142,303.00	1,392,064.26	1,601,499.14
Soit par m³ de gaz vendu	0,11474	0,12540	0,12544
Et par m³ de gaz consommé	0,09125	0,10714	0,10869.

L'examen des comptes de la Régie montre une excellente situation financière. Au 31 décembre 1901, la Régie avait payé les prix de liquidation, un prélèvement de 150,000 francs fait par la Ville sur les bénéfices, ainsi que l'avance faite par la Ville, au moyen d'un amortissement de frais de premier établissement.

Les dépenses et recettes d'exploitation s'établissent comme suit:

Années	Dépenses Fr.	Recettes Fr.	Bénéfices bruts d'exploitation Fr.
1902	1,374,574.56	2,198,236.81	823,662.25
1907	2,072,744.66	3,076,452.05	1,003,707.39

Sur ces bénéfices bruts une somme de 600,000 francs est versée comme prélèvement à la Caisse communale. Le surplus est consacré au paiement des intérêts et à l'amortissement. Au 31 décembre 1907, le fonds d'amortissement s'élevait à fr. 312,053.28. A la même date, le montant total des amortissements, depuis le 1er janvier 1901, était de fr. 2,662,898.25 ; quant aux versements effectués à la Caisse communale, pendant le même laps de temps, ils atteignaient fr. 2,591,085.95. Le capital de l'entreprise était de fr. 4,870,000.

La Régie du gaz constitue pour la Ville une très brillante affaire.

La Compagnie Intercommunale des Eaux de l'Agglomération bruxelloise.

Nous avons vu qu'une rupture s'était produite entre la Ville de Bruxelles et ses faubourgs. En 1891, les communes de Schaerbeek, Saint-Gilles, Ixelles, Saint-Josse-ten-Noode, Auderghem, Uccle, Koekelberg, Watermael-Boitsfort et La Hulpe constituèrent, sous forme de société coopérative la Compagnie Intercommunale des Eaux de l'Agglomération bruxelloise. La société fut fondée au capital de 605,000 francs, divisé en parts de 5,000 francs. En 1902, l'importante commune d'Anderlecht fut également admise comme associée.

La Compagnie est administrée par un conseil de 7 membres au moins et de 11 au plus. Chacune des grandes communes fondatrices a le droit d'être représentée par un administrateur dans le Conseil d'Administration. Celui-ci a les pouvoirs les plus étendus: tout ce qui n'est pas réservé par les lois à l'assemblée générale est de sa compétence. Il peut acheter et vendre tous biens immeubles, et droits réels immobiliers, prendre et consentir toutes inscriptions hypothécaires et en donner main-levée, opérer toutes transactions, renoncer à tous privilèges et droits de prescriptions avec ou sans paiement. Les concessions à accorder aux administrations publiques doivent être approuvées par l'assemblée générale.

Le bénéfice net, après déduction des frais généraux, des charges sociales et des amortissements, sert à:

1° Constituer la réserve légale;

2° Payer un dividende de 5 % aux associés sur le montant de leurs versements;

3° Constituer éventuellement, si l'assemblée générale le décide, une réserve spéciale qui, indépendamment de la réserve légale, sera destinée aux améliorations et aux renouvellements. Ce qui reste est réparti entre les associés, proportionnellement au nombre total de mètres cubes payés par eux dans le cours de l'exercice.

Après de longues études, la Compagnie décida de procéder à l'adduction des sources de la Vallée du Bocq et obtint, du Gouvernement, les autorisations pour détourner une quantité journalière de 35,000 mètres cubes d'eau. Les capitaux nécessaires à l'exécution de ce travail gigantesque furent obtenus d'une façon très ingénieuse.

La Compagnie ne disposait que d'un fonds social de 605,000 francs; mais les communes, on le sait, peuvent obtenir de l'argent à un taux beaucoup plus bas qu'une société. En conséquence, les communes de Schaerbeek, Ixelles, Saint-Gilles et Saint-Josse-ten-Noode prêtèrent à la Compagnie les capitaux dont elle avait besoin. Elles-mêmes contractèrent chacune un emprunt dont le montant fut établi en prenant pour base leur population au 31 décembre 1893. La valeur nominale de ces emprunts s'éleva à la somme totale de 13,941,000 francs. Ce capital fut escompté par la Compagnie à un syndicat de banquiers au taux de 97 % et moyennant une annuité de 3,325 %. La Compagnie prit à sa charge l'amortissement du capital emprunté et les intérêts y afférents; le remboursement doit être effectué en 90 années. La Compagnie obtint un subside d'un million de francs de la Province de Brabant. Les travaux furent terminés en temps utile et l'exploitation commença le 1er janvier 1899. A cette époque, la Compagnie disposait d'un volume d'eau de 35,000 mètres cubes par jour. Depuis, la Compagnie a étendu considérablement ses installations et acquis, notamment, les sources de Modave qui peuvent donner un volume d'eau journalier de 60 à 70,000 mètres cubes.

La Compagnie, et c'est là une constatation très intéressante, fournit l'eau soit *en gros* aux communes mêmes, soit *en détail* aux consommateurs.

Lorsque l'eau est fournie *en gros*, la commune desservie se charge de la livrer aux consommateurs aux prix qu'elle fixe elle-même. L'eau est livrée de cette manière aux cinq grandes communes fondatrices de la Compagnie; ces communes qui ont prêté leur concours et leur crédit à la Compagnie, se sont, en outre, engagées pour 90 années à consommer journellement une quantité d'eau minimum de 150 litres par habitant. La Compagnie leur fournit l'eau au prix de 4 centimes le mètre cube. En outre, moyennant une redevance annuelle d'un centime par mètre cube d'eau, la Compagnie assure sur le territoire de ces communes le service de la *distribution* au domicile des consommateurs. Ce service comprend la livraison de l'eau, l'établissement et l'entretien des conduites, la conclusion et la perception des abonnements, la vérification des consommations, le placement des compteurs, leur entretien et la recette de leur location, ainsi que les travaux de branchements. Pour l'entretien et la réparation des compteurs en usage, la Compagnie perçoit, en outre, une redevance annuelle de 4 francs par appareil. La commune d'Ixelles a, toutefois, préféré d'organiser le service de la distribution en régie directe. Ajoutons que les bénéfices réalisés sur le service de la distribution sont restitués aux communes. Lorsque l'eau est fournie en détail, la Compagnie livre l'eau directement aux consommateurs. Les tarifs de vente sont établis de commun accord avec les administrations communales intéressées; ils sont les mêmes que ceux de la Ville de Bruxelles et, d'après les conventions intervenues, ils ne peuvent les dépasser. Quant aux tarifs établis par les communes qui achètent l'eau en gros, ils sont assez différents les uns des autres, mais se rapprochent sensiblement de ceux de la Ville de Bruxelles.

Résultats de l'exploitation.

Depuis la fondation de la Compagnie, le nombre des abonnés aux distributions d'eau s'est accru d'une manière considérable. Les chiffres ci-après, relatifs aux quatre grandes communes fondatrices, montrent particulièrement l'accroissement du nombre des abonnés.

Années	Schaerbeek	Saint-Gilles	Ixelles	Saint-Josse-ten-Noode
1899	4,842	3,487	6,003	2,965
1903	7,009	4,926	7,875	3,650
1907	8,884	6,057	9,587	4,251.

La Compagnie dessert actuellement les communes-faubourgs d'Anderlecht, Forest, Ixelles, Jette-St.-Pierre, Laeken, Koekelberg, Saint-Gilles, Saint-Josse-ten-Noode, Schaerbeek et Watermael-Boitsfort, plus quelques communes rurales. Au 31 décembre 1907, la population desservie comptait 399,843 âmes et le nombre des abonnés était de 39,699 pour 56,151 maisons.

Nous donnons ci-après les résultats économiques de l'entreprise:

I. Amenée de l'eau.

	1899 m^3	1903 m^3	1907 m^3
Eau dérivée (mesurée au départ des captages)	7,407,390	8,381,255	12,135,064
Eau utilisée	4,871,438	7,001,554	11,789,556
Prix du m^3 d'eau à l'entrée des communes	0 fr. 0942	0 fr. 0819	0 fr. 0630.

II. Capitaux dépensés.

	Fr.	Fr.	Fr.
1er établissement	11,034,443.87	13,880,356.14	16,463,713.58

III. Résultats financiers.

	Fr.	Fr.	Fr.
Dépenses annuelles d'entretien et d'exploitation	824,029.79	944,418.67	1,271,139.78
Recettes annuelles d'exploitation et recettes diverses	939,530.31	1,107,454.19	1,471,217.87
Bénéfices nets	115,500.52	163,035.52	200,078.09

Conformément aux statuts, les bénéfices de l'exercice 1907 ont été répartis comme ci-après:

1° amortissement industriel . . . . fr. 70,808.62
2° réserve légale . . . . „ 6,463.47
3° 5 % de dividende aux communes associées . . „ 36,000.—
4° amortissement spécial . . . . „ 66,806.—
5° répartition spéciale aux grandes communes . . „ 20,000.—.

Les bénéfices indiqués ci-dessus sont absolument nets; ils sont obtenus après paiement par la Compagnie des annuités des emprunts qu'elle a contractés.

La situation de la Compagnie doit être regardée comme absolument satisfaisante. Tout en développant magnifiquement ses installations, en les tenant en parfait état d'entretien, la Compagnie, qui fournit aux communes de l'Agglomération bruxelloise de l'eau à un prix très modique, parvient pour l'exercice 1907 à payer du chef d'amortissements, d'intérêts et de bénéfices nets une somme globale de fr. 756,889.28.

Eu égard au développement incessant de l'Agglomération bruxelloise, la Compagnie Intercommunale des Eaux est appelée à un bel avenir. Elle constitue, à tous égards, un type remarquable d'association de communes pour l'exploitation de services publics.

Signalons que la Compagnie Intercommunale a mis à l'étude un vaste projet qui consisterait à alimenter en eau les plus importantes localités de la Basse Belgique.

Die kommunale Sozialpolitik in Australasien (Australien und Neuseeland).

Von

Prof. Dr. Robert Schachner,

Jena.

Einleitung. — 1. Die wirtschaftliche Tätigkeit und Bodenpolitik der australasischen Städte. — 2. Wirtschaftliche Tätigkeit und Gemeindegrundbesitz im Einnahmebudget der Gemeinden. — 3. Vornahme gemeindlicher Tätigkeiten durch Staat, öffentliche Körperschaften und private Gesellschaften. — 4. Städtische Arbeiten und Arbeiter. — 5. Reform.

Einleitung[1].

Der Umfang der kommunalen Sozialpolitik liegt in der Kraft und dem Selbstbewußtsein der Gemeinde. Diese sind dadurch bedingt, wie man sich mit der Befriedigung lokaler Bedürfnisse von jeher abzufinden gewohnt war, wie weit der Staat der gemeindlichen Tätigkeit Entwicklungsmöglichkeit gegeben hat und in welchem Grade die Gemeinden gewillt sind, von ihrer Autonomie Gebrauch zu machen. Alle diese Bedingungen liegen für Australasien ungünstig, für die Festlandstaaten und Tasmanien mit ihrer Zentralisation im öffentlichen Leben in höherem Maß, als für das dezentralistisch entwickelte Neuseeland.

Es liegt ja nahe, daß bei Kolonien, die erst der zivilisierten Besiedelung entgegengeführt werden, anfänglich eine Zentralgewalt notwendig ist, von der auch die wirtschaftlichen Bedürfnisse aus besorgt und befriedigt werden. In Australien wurde das noch dadurch gefördert und in seiner Dauer verlängert, daß die Regierungssitze so gewählt waren, daß sie zugleich auch die wichtigsten Handels- und Verkehrszentralen wurden, außerhalb deren es nirgends gleichbedeutende Angelpunkte des Wirtschaftslebens gab. Die Interessen von Staat und Regierungsstadt waren langehin so identisch, daß eine einheitliche Verwaltung von Staats wegen hinreichend schien. Wo das Strafgefangenensystem bestand, wie in Neusüdwales, Tasmanien

---

[1] Nachdem mir erst Ende Oktober v. J. die Aufforderung zur Mitarbeit an dieser Enquete zuging, konnte ich bei der kurzen Frist von 4 Monaten nicht mehr für alle Details des Arbeitsprogramms Material von Australien beschaffen. Weiteres über die australasischen Gemeinden ist meiner Abhandlung „Die australasische Gemeinde in administrativer, politischer, wirtschaftlicher und sozialer Beziehung in den Conradschen Jahrbüchern, Jahrgang 1908", und meinem Buch: „Australien in Politik, Wirtschaft, Kultur", Jena, Verlag von Gustav Fischer, 1909, zu entnehmen. — Auf die cooperative settlements (landwirtschaftliche Siedelungsgenossenschaften) ging ich in dieser Abhandlung nicht weiter ein, da sie alle fehl schlugen und somit der Geschichte angehören. Vgl. hierüber W. P. Reeves, State Experiments in Australia and New-Zealand, London 1902, Bd. I, S. 305 ff.

und Westaustralien, schien es auch nicht tunlich, die öffentliche Gewalt aus der Hand des Staates in die Hand besonderer lokaler Verwaltungskörper gehen zu lassen. Wie zentralistisch die Verwaltung unter diesen Verhältnissen blieb, geht wohl daraus hervor, daß Neusüdwales, das damals den ganzen Westen Australiens umfaßte, im Jahre 1833, 45 Jahre nach der ersten Seßhaftmachung auf der Cookschen Entdeckung, als es bereits 40000 Einwohner zählte und Orte, wie Brisbane, Bathurst, Newcastle und andere mehr weithin verstreut besaß, erst 13 Staatsstraßen angelegt hatte, die obendrein fast alle dazu dienten, die Hauptstadt mit den Sträflingsniederlassungen im Innern und an der Küste zu verbinden.

Doch nach und nach entwickelte sich mit der wachsenden Besiedelung für die Zentralgewalt die Notwendigkeit, sich auch um das übrige Land zu sorgen und die Konflikte zwischen beiden Fürsorgetätigkeiten konnten nicht ausbleiben. In dem Grade, in dem die Staatsgewalt über die Grenzen und die Interessen des Zentralsitzes hinauswuchs, mußte sich in diesem das Bedürfnis regen, sich um die Sonderbesorgung seiner Angelegenheiten zu bewerben. Es hätte vielleicht noch lange gedauert, bis dieses lokale Selbstverwaltungsstreben sich durchgerungen hätte, wenn nicht fortschrittliche kommunalpolitische Ideen von neuankommenden Kolonisten, die im Heimatland die erregten Kämpfe und Debatten um den Munizipalreformakt von 1835 (5 und 6 Will. IV c. 76) mitgemacht hatten, geweckt, vertieft und gefördert worden wären. So erhielt Adelaide im Jahre 1840, Sydney und Melbourne im Jahre 1842 ihre Selbstverwaltung, 1850 folgte Geelong, 1852 Hobart.

Was in England als verspätete Maßregel gescholten wurde, erwies sich in Australien verfrüht. Es hatte sich hier noch nicht überall jener Stamm seßhafter, für öffentliches Leben ideal begeisterter Bürger gefunden, der solcher Autonomie allein Erfolg bringen kann. Wo man kaum Leute für die staatlichen Volksvertretungen fand, konnten für die lästigen Verpflichtungen der Gemeindeverwaltung noch schwerer Männer bewogen werden. Es ist wohl bezeichnend, wenn von dem nachmaligen bedeutenden Staatsmann von Neusüdwales Henry Parkes, der damals noch in einem bescheidenen Laden drechselte, erzählt wird, daß er in der Zeit der ersten Gemeindewahl auf das Angebot, ihn zum Stadtverordneten zu machen, erwiderte: „Wenn ich je zu etwas gewählt werden soll, muß es zu etwas höherem sein als zu einem Stadtverordneten.“ Was half die Einführung der ersehnten Autonomie, wo niemand sich finden wollte, ihrer schwierigen Verwirklichung seine Kräfte zu leihen.

Adelaide und Sydney zeigten sich den neuen Aufgaben nicht gewachsen. Nach wenigen Monaten bereits hatte die südaustralische Gemeinde ihre Angelegenheit so schlimm verfahren, daß der Staat sich genötigt sah, einzuspringen, die Schulden von 1098 £ auf seine Schultern zu nehmen (Akt 12, 1846) und mit seinen Beamten die Stadt wieder zu verwalten. Im Jahre 1849 bahnte der Governor dann die gemeindliche Freiheit wieder an, indem er seine Befugnisse fünf Kommissären übertrug, die bis zum 1. Juni 1852 blieben, wo dann durch Governor Sir Henry Young Gemeindeverfassung und Gemeindeverwaltung wieder hergestellt wurden (Akt 9, 1851).

In Sydney gestalteten sich die Verhältnisse so schlimm, daß nach endlosen Versuchen und Anläufen zur Besserung endlich im Jahre 1849 eine parlamentarische Untersuchungskommission bestellt wurde, die richtig auch die Abschaffung der gemeindlichen Selbständigkeit empfahl. Erst im Dezember 1852 beschloß die gesetzgebende Versammlung die Aufhebung der Selbstverwaltung Sydneys. Der Staat hatte bis zum Jahre 1855 nicht weniger als 44 700 £ für die Bedürfnisse der Stadt zu bezahlen und schoß aus seiner Tasche in den nächsten Jahren je 10 000 £ zu. Im Jahre 1857 wurde dann endlich wieder die Gemeindeverfassung Sydneys im vollen Umfang hergestellt.

In Melbourne und Geelong ging es zwar nicht viel besser als in jenen Städten, das Finanzwesen war bald gründlich verfahren, doch begnügte sich der Staat damit, statt die öffentlich-rechtliche Stellung dieser Städte anzutasten, ihnen mit seinen Mitteln auszuhelfen. Der Staat wendete Melbourne im Jahre 1854 eine Anleihe von 500 000 £, Geelong eine solche von 200 000 £ zu. Die Anleihe wurde zu 95 £ ausgegeben und trug 6 %, sie nannte sich nach dem Geldvermittler, die Gabrielli-Anleihe (Gabrielli loan). Die Regierung verpflichtete sich zur Rückzahlung der Anleihe in zwanzigjährigen Raten, die Gemeinden selbst kamen nur für den Zins auf.

Die Hilfsbereitschaft des Staates für alle Notlagen der Gemeinden verallgemeinerte sich und bildete Jahrzehnte lang einen Grundzug des australasischen Gemeindewesens. Bereits im Jahre 1864 konnte der viktorianische Historiker William Westgarth schreiben: Dieses System der Unterstützung von Stadtgemeinden durch die Staatskasse, so freigebig begonnen, hat sich seitdem erhalten und ist ein Charakterzug (established feature) der kolonialen Finanzen geworden.

Der stützende Arm des Staates wurde nach und nach als Notwendigkeit empfunden und es kam zu jener finanziellen Abhängigkeit und damit zur Unterordnung unter staatlichen Willen, die gemeindliches Eigenleben ersticken mußte. Außerdem war dies aber auch sehr ungünstig für eine gleichmäßige Entwicklung der Gemeinde, da die Staatszuschüsse je nach der Finanzlage wechselten.

Hatte Neuseeland auch eine mehr dezentralistische Entwicklung seines Landes, so war die Verknüpfung von Staats- und Gemeindefinanzen nicht minder hinderlich für die Entwicklung kommunaler Autonomie.

Freilich standen an der Wiege der australischen Gemeinde auch engherzige Gesetze und es kam in Australien bis heute nicht über die Grundzüge der englischen Gesetzgebung von 1835 hinaus.

Die Autonomie ist an allen Ecken und Enden eingeengt, und je mehr in neuerer Zeit der Staat unter der Inanspruchnahme durch seine eigenen Aufgaben in seiner Freigebigkeit zurückging, um so mehr machte sich dies gerade auf finanzpolitischem Gebiete unangenehm bemerkbar. Die Gesetze haben die Steuererhebung der Gemeinden nicht nur auf wenige Quellen beschränkt, sondern auch darin noch begrenzt (vgl. Schachner, Australien S. 173 ff.), im Zusammenhang damit aber auch die Anleihebefugnisse eng umschrieben, meist ist darin auch gar kein Unterschied gemacht, ob es sich um rentable, produktive oder unproduktive Anlagen handelt. Dadurch wurde nicht nur für die städtische Finanzpolitik, sondern auch für die Wirtschaftspolitik die Entfaltungsmöglichkeit unterbunden.

Die wirtschaftliche Tätigkeit ist aber darüber hinaus noch erschwert, daß zu ihr parlamentarische oder ministerielle Erlaubnis erforderlich ist, die aber nicht nur über die Zulässigkeit entscheidet, sondern auch die Einzelheiten bestimmt und die Durchführung und Verwaltung mit staatlicher Überwachungsermächtigung und anderen Bindungen begleitet.

In der sonst weitherzigsten Gesetzgebung von Neusüdwales war noch bis zum Jahr 1906 den Gemeinden verboten ohne staatliche Genehmigung Elektrizitätswerke zu errichteten.

Allgemein ist noch die Beengung der Gemeinde auf volkshygienischem Felde: Wasserleitung, Kanalisation, Schlachthaus, Märkte, Unratvernichtung, Arbeiterwohnungen, gemeindlicher Milchverkauf u. a. m. setzen in den meisten Staaten Ermächtigung durch das Parlament voraus.

Den abschreckend müden Weg, auf den heute gemeindliche Tätigkeit verwiesen ist, kann man an der Verwirklichung des Wunsches Adelaides, im volkshygienischen Interesse mit Schlachthauszwang versehene „Metropolitan abattoirs“ zu erhalten, kennen lernen. Im Jahre 1899 stellte der Magistrat Adelaide Erhebungen an, aus denen die Notwendigkeit der Aufhebung der einzelnen Schlachtstätten sich ergab, was im folgenden

Jahre zur Ausarbeitung eines Bauplanes führte. Die Regierung wurde im Jahre 1901 um Verabschiedung des Gesetzes gebeten, das sie dann auch dem Parlament in Vorlage brachte. Von 1902 bis Ende 1908 zog sich die Verabschiedung des Gesetzes hin, zum erstenmal fiel es 1903 durch die ablehnende Stellungnahme des Oberhauses, das sich der Privatunternehmer annahm; dann hinderte 1906 eine Parlamentsauflösung die Durchführung der nahezu abgeschlossenen Beratungen einer neuen Vorlage; die Beratungswiederholung im veränderten Parlament, bei der hartnäckige Einwendungen des Oberhauses, die sich auf Entschädigung der Metzger und die Zweckmäßigkeit des von der Gemeinde gewählten Platzes bezogen, die Schwierigkeiten häuften, verzögerten die Gesetzesannahme um weitere zwei Jahre. Kein Wunder, daß unter solchen Umständen von der Inangriffnahme gemeindlicher Aufgaben, wo es sich nicht um ganz vitale Interessen handelt, Abstand genommen wird.

Die großen volkshygienischen Aufgaben der Gemeinden haben aber ein weiteres Hindernis zu ihrer Durchführung auch noch in der Zersplitterung der australasischen Großstädte in eine große Anzahl von Sonderverwaltungen. Die australische Gesetzgebung hat es unterlassen, diesen historischen Werdegang zu ändern und die im Laufe der Zeit unkennbar und untrennbar miteinander verwachsenen Einzelgemeinden in eine zeitgemäße politische und wirtschaftliche Einheit zu verschmelzen.

In keinem der australischen Staaten ist bis jetzt eine Zwangsangliederung und -Eingemeindung, sei es von Staats wegen, sei es durch Majoritätsbeschluß der beteiligten Gemeinden gegeben, und der selbständige Verzicht auf kommunales Sonderleben ist meist durch die kleinlichsten Sonderinteressen von Ort und Bürgern hintangehalten.

Die Vorstädte, wo die Wohnungen der Reichen sich finden, wollen ihre günstige finanzielle Lage nicht mit den benachbarten Orten teilen, die doch jene Massen beherbergen, die in Handel und Industrie für jene arbeiten [1].

Die Würde eines Stadtrates entfiele für manche, die sich heute damit schmücken und denen dieses Amt oft die unterste Stufe zu begehrenswerteren Posten im öffentlichen Leben bildet. Manche gemeindliche Lieferung, die heute beim Vorstadtnachbar untergebracht wird, ginge

[1] So hat der Reichen-Bezirk Woollahra im Juni 1907 der Greater Sydney-Bewegung sich mit der Begründung entgegengestellt, daß dadurch nur die Steuern wachsen würden, ohne daß man daraus einen entsprechenden Vorteil zöge, ebenso die von den Vermögenden besiedelte Vorstadt Darlington, die Steuern von 1 sh 3 d auf das £ und 16 d Schulden pro Kopf den 1 sh 9 d Steuern und 11 £ Schulden pro Kopf in Sydney gegenüberstellen konnte.

bei der Vereinigung an die Adresse leistungsfähigerer Firmen der inneren Stadt.

So ist denn freiwilliger Anschluß in ganz verschwindenden Fällen erreicht worden, so daß heute noch Großsydney in 41 Gemeinden zersplittert, Großmelbourne in 24, Großdunedin in 16, Großadelaide in 8 Gemeinden und ähnlich die anderen größeren Städte.

Die Schwierigkeit jeglicher Verständigung unter den engherzig egoistischen Gemeindevertretungen hat auch die gemeinsame Durchführung wirtschaftlicher Aufgaben verhindert, so daß oft der Staat sich ihrer annehmen mußte, öffentliche Körperschaften sich zu ihrer Durchführung bildeten oder der Privattätigkeit das Feld offen blieb.

Gerade unter dieser Zersplitterung und aus der daraus hervorgehenden Verweisung der Gemeinden auf kleine Aufgaben litt die Entwicklung des Interesses an der Gemeinde. Wo sollte aber Gemeindeliebe und Bürgersinn herkommen, wo die gleiche Person womöglich in verschiedenen Gemeinden arbeitet, ißt, sich vergnügt und haust, wie das oft der Fall ist.

Viel trug zu diesem Sichbescheiden mit der öffentlich-rechtlichen Ohnmacht aber auch die Art der Bestellung der Gemeindevertretungen bei.

Für das Wahlrecht ist in den Gemeindegesetzen neben dem Erfordernis der Volljährigkeit und eines dauernden Aufenthaltes die Entrichtung einer Steuer verlangt. In Victoria und Neusüdwales, dieses mit Ausnahme der Wahlbestimmungen für Sydney, knüpft sich das Wahlrecht sogar an eine Mindestrente von 5 £, außer das Grundstück trägt ein Haus, das dem Wähler zur Wohnung dient. Die Frauen haben überall Wahlrecht, zuletzt erhielten sie es in Victoria, wo durch Gesetz vom 5. Dezember 1905 ihr Ausschluß vom öffentlichen Leben, wie er dort noch bis 1909 für das Parlament bestand, für die Gemeinden durchbrochen wurde.

Nur Sydney und Neuseeland haben demokratische Wahlgesetze. Sydney läßt jeden zur Wahlurne,

1. der über ein Haus mit 5 £ Rente oder einen Pachtbesitz mit 25 £ Rente verfügt;

2. der seit sechs Monaten ein Geschäftslokal mit einer Jahresmiete von 10 £ in Sydney benützt;

3. der eine Wohnungsmiete von 10 £ Jahresbetrag entrichtet und seine Wohnung seit sechs Monaten inne hat.

Wie wenig dieses aus der liberalsten Gesetzesära von Neusüdwales stammende Wahlrecht den von England nach Australien verpflanzten konservativen kommunalen Anschauungen behagt und daß es den Stadtvätern von einer arbeiterfreundlichen Regierung gegen ihren Willen aufoktroyiert war, davon zeugen die Worte des Stadtschreibers von Sydney:

„Unser Wahlrecht hat eine Grundlage, welche die gesunde durch Alter bewährte Theorie umstürzt, wonach Besteuerung und Wahlrecht Hand in Hand gehen soll" (sound time honoured theory that taxation and representation shall go together).

Durch die große Anzahl der Geschäftshäuser in Sydney-City und die Verdrängung der Arbeiterschaft in die billigen Vorstädte ist trotz des Wahlrechts die Gemeindevertretung so konservativ geblieben, daß der Stadtschreiber solche Worte wagen konnte.

Während Sydney mit seinem freien Wahlrecht ganz allein in Australien steht, hat Neuseeland ein ähnliches demokratisches: es fordert nur die Entrichtung einer Miete von 10 £, doch muß diese nach der Interpretation der Gemeindeverwaltungen gesondert nachgewiesen werden[1].

Weiter besteht das Recht, eine Mehrzahl von Stimmen je nach der Größe des Besitzes abgeben zu können, ferner wo einer Person an mehreren Häusern Eigentum zusteht, die doppelte Zahl, wenn der Besitzer zugleich Hausbewohner ist.

Am weitesten geht darin Tasmanien, das noch in seinem neuesten Gesetz von 1906 1—6 Stimmen bei einem Grundstückjahresertrag bis zu 30 £, 85 £, 160 £, 240 £, 360 £ und über 360 £ gibt, dabei dem Eigentümer die doppelte Stimmenzahl zuteilt, wo er gleichzeitig Bewohner ist.

In den Stadtgemeinden Victorias gibt Jahresertrag bis zu 50, bis 100, mit 100 £ und darüber, in Landgemeinden bis zu 25 £, bis zu 75 £, mit 75 und darüber: 1—3 Stimmen.

Welche Beeinflussung der Wahl durch diese Privilegierung des Besitzes erfolgen kann, zeigt die Statistik:

Jahresertrag des Grundbesitzes	Zahl der Eigentümer 1905/1906 in Stadtgemeinden	in Landgemeinden
Unter 25 £	148 373	125 806
25—50 £	36 677	40 172
50—75 £	8 428	12 151
75—100 £	3 585	6 745
100 £ und darüber	2 477	2 940

[1] Da man in Australien in „boarding houses" Kost und Wohnung in einer Summe zahlt, hat die Arbeiterklasse dies bei den Wahlkommissären so zu teilen gewußt, daß ihnen damit Wahlrecht entstand, doch hat bis jetzt die Verwaltungspraxis der Behörden gegen dies Verfahren sich entschieden, so daß die getrennte Bezahlung von Verpflegung und Wohnung sich einbürgerte.

In Queensland gibt Besitz von Land im Wert von 500 £ eine, 500—1000 £ zwei, 1000 £ und mehr drei Stimmen.

Westaustralien hat für die Bürgermeisterwahl besondere Wahlrechtsbestimmungen: während bei den Stadträten Besitz bis zu 50 £ Steuergrundlage eine Stimme, darüber zwei Stimmen gibt, ist bei der Bürgermeisterwahl eine Abstufung von 1—4 Stimmen je nach der Steuergrundlage bis zu 25, 50, 75 £ und darüber.

Ein im Jahre 1904 in Westaustralien von dem Arbeiterministerium Daglish eingebrachtes Gesetz, wodurch das plural voting abgeschafft werden sollte, ist ebenso im Oberhaus gescheitert, wie die in Südaustralien unter dem Arbeiterminister Price im September 1908 eingebrachte Bill, die das Wahlrecht auf eine Stimme in der Gemeinde beschränken wollte.

Auch in Neuseeland ist bei den Wahlen für die Ratsvertretungen der Landgemeinden und Straßendistrikte, je nach dem Grundbesitz, eine Wahlbefugnis bis zu drei Stimmen eingeräumt [1].

Nur in den Stadtgemeinden Neuseelands und in Neusüdwales ist die demokratische Forderung „one man, one vote“ verwirklicht.

Diese plutokratischen Wahlrechte haben dem konservativen Grundbesitz die Herrschaft in den Rathäusern verschafft. Da bei der australischen Zweckbesteuerung der Hausbesitzer zu allen kommunalen Unternehmungen herangezogen wird, sei es in der Wassersteuer, Kanalisationssteuer, Straßenbeleuchtungssteuer usw., so stellt er jeder öffentlichen Tätigkeit Widerstand entgegen (cf. Schachner l. c. S. 177 ff.).

Soweit es sich um Erwerbstätigkeit handelt, will er aber dem privaten Verdienste offene Bahn gegeben wissen.

Ein westaustralischer Stadtschreiber (town clerk) bekundete mir dies:

„Die Einwanderer kommen heraus, um zu verdienen, diesem Zweck wollen die von gleichen Intentionen für ihre Person beseelten Stadtväter nicht entgegentreten, zumal in so kleinen Staaten die Interessen ihnen nahestehender Personen mit der Freiheit der Erwerbstätigkeit verbunden sind.“

Unterstützt wird der Widerstand gegen gemeindliche Unternehmertätigkeit durch die altenglische Schwärmerei für das Konkurrenzsystem, die mir in den Worten eines Queensländer Bürgermeisters entgegentrat:

---

[1] H. G. Ell gibt in einer Broschüre 'Views on some of the Political Questions of the day' (Christchurch 1905) an, daß in der Akaroa County 143 Personen mit 3 Stimmen, das sind 429 Stimmen, 371 einstimmige Steuerzahler überboten.

„Alles, was die Gemeinde übernimmt, ist teuer und schlecht, das Konkurrenzsystem ist über das Munizipalmonopol erhaben."

Er hat jedenfalls aus englischen Erfahrungen nicht gelernt, daß letzteres längst nicht mehr wahr und ersteres nicht notwendig ist.

Aber selbst wo modernere Erkenntnis in den Gemeindehäusern dämmerte und die öffentliche Meinung zum Handeln drängte, kam es oft nicht zu Taten, da es an jenen Männern fehlte, welche die Initiative zu ergreifen und die Verantwortung zu tragen Lust hatten.

Bei der Art der australischen Gemeindeverwaltung, wo bei einer Amtsdauer von 1 oder 2 Jahren ein Bürgermeister den anderen in rascher Folge ablöst[1], findet sich wenig Geneigtheit, große, auf Jahre hinaus sich erstreckende Arbeiten in Angriff zu nehmen, deren Mühen man hätte, ohne ihre zweckentsprechende Durchführung sichern und die Ehren ihrer Vollendung einheimsen zu können.

Bei jener geringen Entwicklung der australischen Gemeinde hat es auch bedeutenden Männern an Lust gemangelt, ihre Kräfte der Lokalverwaltung zu widmen.

Während in England die Gemeinde nicht nur die Leiter für Staatsmänner, wie Chamberlain und John Burns, sein konnte und andererseits sich der Tätigkeit zurückgetretener hervorragender Staatsmänner, wie des Lord Rosebery für den Vorsitz im Londoner Grafschaftsrat erfreuen konnte, ja den Prinz of Wales in der Londoner Wohnungskommission von 1884 sah, hat die australische Gemeinde im öffentlichen Leben eine geringe Rolle gespielt und sich nur selten hervorragender Männer als Führer und Teilnehmer erfreut.

Auch ist der Gemeinderat nicht zur Geburtsstätte großzügiger Unternehmungen geeignet, die kommunale Tätigkeit ist so in Einzelkomitees aufgelöst, daß die Gesamtkörperschaft ihre maßgebende Bedeutung im Gemeindeleben einbüßen mußte. Das veranlaßte sogar jene einschneidenden Einengungen seiner Beratungstätigkeit, die man verschiedenenorts vorgenommen hat.

„In Sydney soll jede Stadtratssitzung nach $3^1/_2$ stündiger Dauer als vertagt gelten, wenn kein entgegenstehender Beschluß gefaßt wird." In

[1] Von den Bürgermeistern, die Sydney von 1843—1907 besaß, haben nur zwei länger als 3 Jahre regiert, einer (J. Harris) 6, ein anderer (W. P. Manning) 4, doch nur dieser in ununterbrochener Jahresfolge. In Adelaide waren von 1841 bis 1908 nur 4 Bürgermeister länger als 3 Jahre in ihrer Würde, einer 5 und drei 4 Jahre, doch nur einer in ununterbrochener Jahresfolge. In Dunedin in Neuseeland war von 1865 bis 1908 nur ein Mann (Henry Smith Fish) länger als 3 Jahre Bürgermeister.

einem Land, wo die Parlamente ganze Nächte hindurch beraten, um eine Materie zu Ende zu bringen, ist eine solche Präsumption gegeben, die einer Majorität die Möglichkeit gibt, in jeder Stadtratssitzung die Gegner an ihrer Meinungsabgabe und die Weiterführung der Sitzung durch Ablehnung des Antrages hierauf zu hindern. In der Tat fanden in Sydney z. B. im Jahre 1904 nur zwei Ratssitzungen statt, die mehr als $3^1/_2$ Stunden währten.

Nichtbekämpfte Gegenstände sollen aber stets Erledigung finden, zu dieser bedarf es sogar nicht einmal mehr des Quorums im Stadtrat; als bekämpft soll ein Gegenstand nur gelten, wenn er ausdrücklich von einem Stadtverordneten mit Widerspruch belegt ist: damit ist der pauschalen Erledigung wichtiger Dinge Vorschub geleistet.

Alles Rechtsvermutungen und Begünstigungen für eine flüchtige Erledigung von Ausschußbeschlüssen im Plenum.

Eine neuseeländische Geschäftsordnung, die von Dunedin, bestimmt, daß mit Ausnahme des Antragstellers jedes Mitglied des Stadtrats nur einmal zur Sache sprechen dürfe.

Ähnliche Bestimmungen gegen eine wirksame Gemeindeverwaltung in der Stadtverordnetenversammlung selbst finden sich in allen Städten; die schattenhafte Existenz der Stadtverordnetenversammlung zeigt sich in der Statistik wiedergespiegelt, die von der Zahl der Sitzungen von Komitees und Stadtrat gegeben wird:

Sydney	hatte	30	Stadtratssitzungen	neben	150 Ausschußsitzungen,
Melbourne	„	41	„	„	150 „

In Adelaide genügten 26 ordentliche und vier außerordentliche Stadtratssitzungen mit einer Durchschnittsdauer von dreiviertel Stunden und einer viertel Stunde, insgesamt $20^1/_2$ Stunden, um eine Stadtgemeinde von 2300 Acker Fläche und 40 000 Einwohnern zu verwalten. 193 Ausschußsitzungen benötigten $83^1/_2$ Stunden.

Wellington, die Hauptstadt Neuseelands, hatte 24 ordentliche Stadtratssitzungen und 200 Ausschußsitzungen.

Wenn in Australien trotzdem etwas auf dem Gebiete der Gemeindetätigkeit geschieht, so ist es nahezu immer auf die Person eines tüchtigen Stadtschreibers zurückzuführen, der vermöge seiner überlegenen Erfahrung und Sachkenntnis[1] das ganze Gemeindeleben beherrscht und Bürgermeister und Stadträte, die er wie Marionetten in seiner Hand hat, vorwärts-

[1] Adelaide wechselte in 68 Jahren 33 mal den Bürgermeister und nur 7 mal den Stadtschreiber.

zudrängen vermag. Bei der hohen Bezahlung dieser Posten werden nicht nur hervorragende Leute aus der kaufmännischen oder Bankkarriere, sondern auch oft tüchtige Juristen für sie gewonnen.

Freilich hat die ungeheure Arbeitslast, die auf diesen Leuten lastet, ihnen oft die Lust genommen, neue schwierige Werke in Angriff zu nehmen, und so ist auch von ihnen nicht jener Ansporn gegeben worden, der von ihnen ausgehen könnte [1].

Unter all diesen Umständen kann es nicht wundernehmen, wenn die australische Gemeindetätigkeit sich bis heute so wenig entwickelt hat und primitive Gemeindeaufgaben, wie Straßenwesen, darin eine so überragende Stellung einnehmen, daß selbst in Großstädten wie Sydney 1906 noch zwei Drittel aller Ausgaben sich darin erschöpften. Dieses verwendete bei einem Jahresaufwand von 257 000 £, von dem 27 000 £ für allgemeine Verwaltung verbraucht wurden, 100 000 £ für allgemeine Straßenzwecke, Straßenbau, Straßenreinigung und Straßenbewässerung, 21 000 £ für Straßenbeleuchtung; daneben trafen von den Stadtschulden von 1 660 000 £ gegen 750 000 £ auf das Konto von Straßenbau, Straßenverbesserung und anderen verwandten und jenen eng verbundenen Zwecken, was 30 000 £ Zinsen beanspruchte.

Die große Entwicklung, die in England in den achtziger Jahren zu neuer Gesetzgebung für die Selbstverwaltungskörper führte, war dem australischen Gemeindewesen nicht beschieden; die knappen Grenzen des englischen Gesetzes von 1835 sind bis in die neueste Zeit weit genug erschienen.

Die Gemeindeverwaltung, voll von Egoismus der Bürger, engherzigem Konservativismus, starrem Doktrinarismus und Mangel an Initiative, vom Staat bevormundet, ergänzt und unterstützt, von öffentlich-rechtlichen Körperschaften in ihrer Wirksamkeit eingeengt, verdrängt und überwuchert, von privater Unternehmertätigkeit in anderen Zweigen ersetzt, blieb in kraftloser Unmündigkeit bis zum heutigen Tag.

[1] Gerade an Australien zeigt sich, daß das vielgerühmte englische Gemeindeverwaltungssystem große Nachteile in sich birgt, die in England nur durch die bedeutenden Personen überwunden wurden. Siehe hierüber Dr. Joseph Redlich, Englische Lokalverwaltung, Leipzig 1901, S. 28 ff.; Hugo, Städteverwaltung und Munizipalsozialismus in England, Stuttgart 1897; Hatschek, Eine Überwindung des Gneistschen Selfgovernment in der kritischen Vierteljahrsschrift für Gesetzgebung und Rechtswissenschaft, III. Folge, Bd. VIII, S. 254 ff. und meine Arbeit: Gemeinde und Sozialdemokratie im Archiv für Sozialwissenschaft und Sozialpolitik, Bd. XXIII, Heft 3, S. 768 f.

1. Die wirtschaftliche Tätigkeit und Bodenpolitik der australasischen Städte.

Die wirtschaftliche Tätigkeit der australasischen Städte ist den ungünstigen Vorbedingungen gemäß eine geringe, geringer noch im zentralistischen Australien als im dezentralistischen Neuseeland, gering in den Großstädten, wo doch die treibenden Kräfte am stärksten zu sein pflegen, kaum erwacht in den Kleinstädten und auf dem flachen Lande.

Selbst so wichtige volkshygienische Einrichtungen, wie Wasserleitungen und Kanalisation, liegen in Australasien noch sehr im argen und müssen in den großen Regierungs- und Hafenstädten entbehrt werden. Vorstädte von Brisbane haben sich noch mit dem Dachtraufenwasser zum Trinken zu begnügen und entbehren ebenso wie selbst noch Vorstädte Sydneys einer geordneten Kanalisation.

Wo diese Einrichtungen bestehen, sind sie meist auf Staatsinitiative in Form von öffentlichen Körperschaften oder im günstigsten Fall mittels staatlicher Vorschüsse von den Gemeinden selbst ins Leben gerufen worden.

Die größte Kolonie, Neusüdwales, gibt uns ein trauriges Bild der Rückständigkeit und der Zersplitterung in der Erfüllung kommunaler Aufgaben:

Für Sydney und den Hunterdistrikt rief der Staat durch Gesetz zwei öffentliche Körperschaften, den Sydney Metropolitan Board of Water Supply and Sewerage und den Hunter District Water Supply Board, ins Leben, behielt sich aber in dem grundlegenden Gesetz und dadurch, daß der board mit drei vom Staat Ernannten neben vier von den Gemeinden Gewählten besetzt ist, einen bedeutenden Einfluß auf das Unternehmen vor.

Wenn beide Betriebe auch von Jahr zu Jahr sich ausdehnen, so sind sie doch noch weit davon entfernt, ihr ganzes Verwaltungsgebiet mit Wasser zu versorgen, auch sind zu geringe Wassermengen vorrätig, so daß in heißen Monaten Einschränkungen des Konsums angeordnet werden. Weit rückständiger ist aber noch das Kanalisationsunternehmen in Sydney, das der gleiche board sich zur Aufgabe gemacht hat.

(Siehe Tabelle S. 97).

Daneben ermöglichten staatliche Vorschüsse in 40 Landgemeinden (municipalities) die Errichtung von Wasserwerken, deren Gesamtkosten 726 898 £ betrugen. Nur 15 Gemeinden haben aus eigener Kraft sich mit Wasser versorgt und hierfür 73 712 £ verausgabt; in zwei Orten, Broken Hill und Silverton ist das Wasserwerk in Händen von Privatgesellschaften.

	Jahr	Versorgung		Kapitalkosten £
		Häuser	Personen	
Wasserwerk Sydneys	1901	98 298	491 000	4 300 552
	1908	124 083	620 400	5 059 559[1]
Kanalisation Sydneys	1901	75 416	370 000	3 066 147
	1908	94 735	470 000	4 414 822[1]
Wasserwerk des Hunterdistrikts	1901	9 086	45 400	485 835
	1907	13 569	67 845	544 798

Nur 21 Landgemeinden haben eigene Kanalisationseinrichtungen, für die sie insgesamt nur 54 169 £ aufwendeten.

Bei einer Anzahl von 330 gemeindlichen Bezirken sehen wir nur in 137 Wasserversorgung einigermaßen befriedigend verbreitet, wovon der Metropolitan board von Sydney allein 61 Gemeinden mit rund 650 000 Einwohnern bestreicht, der Hunterdistrikt board 20 mit zirka 100 000 Einwohnern, weitere 55 Gemeinden sich aber selbst mit Wasserleitung versahen und zwei Orte gesellschaftliche Unternehmungen haben; in der Kanalisation hingegen ist man nicht nur mit ihrer Einführung, sondern auch in Umfang und Art ihrer Durchführung noch sehr rückständig.

In Victoria liegt die Wasserversorgung und Kanalisation der Hauptstadt im Umfang von 24 Gemeinden in Händen des durch Gesetz ins Leben gerufenen Melbourne and Metropolitan Board of Works. Gegen diesen wurde in neuester Zeit der Vorwurf des ungenügenden Wasservorrats erhoben: Cobb, ein Beamter des Gesundheitsamtes, forderte für Melbourne ein Wasserreservoir von 12 000 Millionen Gallonen, während nur ein solches von 5333 Millionen Gallonen besteht (s. Argus vom 24. Mai 1909). Auch hier hinkt die Kanalisation der Wasserversorgung erheblich nach.

Melbourne	Jahr	Häuser	Kapitalkosten	Gallonen	
				für ein Haus	auf einen Kopf
Wasserversorgung	1901	103 818	3 715 203	271,5	57,5
	1908	116 781	3 826 447	287,94	63,81
Kanalisation	1901	38 696	3 307 135	—	—
	1908	94 067	5 520 303	—	—

[1] 1907.

In den anderen victorianischen Städten finden sich 84 Körperschaftswerke, einige staatliche und in der geringen Zahl von 23 mit staatlichen Vorschüssen hergestellte gemeindliche Wasserwerke.

In Südaustralien sind Hauptstadt wie Land vom Staat mit Wasserversorgung und Kanalisation versehen, hier behielt der Staat auch die Verwaltung in seiner Hand.

Weit rückständiger sind Queensland, Westaustralien und Tasmanien, deren Hauptstädte sich ebenfalls wenig zureichender volkshygienischer Einrichtungen erfreuen; in Brisbane ist eine Körperschaft für das Wasserwerk bestellt, deren Verwaltung ohne Anteilnahme der Gemeinden arbeitet; daneben sind nur noch 22 Gemeinden, diese dank staatlicher Darlehen, zur Wasserversorgung geschritten. Die Wasserversorgungskörperschaft von Perth wird vom Staat beherrscht. Nur Hobart hat als einzige Stadt des Commonwealth Wasserversorgung in eigener Verwaltung und wandte sich mit dem Jahre 1903 auch der Kanalisation zu, die in jenen anderen Städten noch fehlt, doch waren Ende 1907 erst 1809 Häuser dieser angeschlossen, während 7301 jener sich erfreuen.

Demgegenüber ist nahezu in allen größeren Städten Neuseelands Wasserversorgung und Kanalisation von der Gemeinde selbst in die Wege geleitet.

Angesichts der ungenügenden Wahrnahme selbst dieser wichtigen gemeindlichen Aufgaben kann die sonstige Apathie der Gemeinde gegen wirtschaftliche Tätigkeit nicht wundern; es sind fast nur die Hauptstädte, bei denen wir einige Regung kommunalpolitischen Unternehmungsgeistes wahrnehmen können.

Das Einzige, was in allen Städten von einiger Größe besteht, ist eine meist dem Rathaus angefügte Stadthalle, die mit einer großen Orgel versehen ist und zur Abhaltung von Versammlungen und Konzerten vermietet wird.

In Melbourne finden wir von allen Hauptstädten die meisten gemeindlichen Institutionen; es erzeugt elektrisches Licht, hat Schlachthäuser mit Schlachthauszwang, ein Warmwasserschwimmbad, cinen Steinbruch, Märkte und einen Friedhof in städtischer Verwaltung.

Sydney weist nur elektrisches Licht und Märkte in eigenem Betrieb auf.

Adelaide besitzt einen städtischen Markt und Viehhof, außerdem ein eigenes Schlachthaus ohne Schlachthauszwang; sein Fischmarkt und Bad sind an eine Privatperson verpachtet. Zur Betreibung der Trambahn und Einrichtung eines neuen großen Schlachthauses kam es zwar zur Bestellung von Körperschaften, doch sind bei jener sechs Vertreter der beteiligten Gemeinden im achtköpfigen Ausschuß, während bei dieser der ganze Ausschuß aus Gemeindeabgeordneten besteht und auch die Gesetze die Überwachungs- und Einspruchsbefugnisse des Staates auf ein Minimum reduziert haben.

Hobart erfreut sich eines eignen Schlachthauses mit Schlachthauszwang.

Brisbane hat nichts anderes als ein Bad und einen Fruchtmarkt, der so ungeschickt tarifiert war, daß daneben ein privater Markt errichtet wurde, der dem städtischen seine Mieter entzog.

Perth hat ein öffentliches Bad und einen Steinbruch.

In Neusüdwales besaßen außerdem im Jahre 1908 28 Gemeinden ihre eigene Gasbeleuchtung zu den Herstellungskosten von 197 344 £, drei davon bedienen sich des Acetylengases; sechs Gemeinden — außer Sydney city — verfügen über eigene elektrische Werke im Herstellungspreis von 77 700 £. Die Verpflichtung zur Straßenbeleuchtung im neuen Gemeindegesetz von 1906 und die Loslösung der Einrichtung elektrischer Anlagen von gesetzlicher Ermächtigung verspricht dieser kommunalen Tätigkeit weiteren Aufschwung zu geben.

In Westaustralien wird die Hauptstadt von einer Reihe kleinerer Städte in den Schatten gestellt; so haben Boulder, Kalgoorlie, Konowna, Northam elektrische Kraftstellen, Claremont ein eigenes Wasserwerk. Kalgoorlie und Boulder besitzen ein öffentliches Schwimmbad, Marktanlagen und Kühlräume. Freemantle hat elektrisches Licht, Trambahn und Märkte in eigener Verwaltung.

Größeren Umfang hat die kommunale Tätigkeit in Neuseeland genommen.

Wellington und Dunedin haben Trambahn und elektrische Beleuchtung. Dort ist auch ein städtisches Schlachthaus im Entstehen.

Christchurch betreibt ein Elektrizitätswerk und die Trambahn, hat Schlachthaus und Friedhöfe.

Auckland besitzt ein Schlachthaus und einen Friedhof. Ein Zentralmarkt, der hier bestand, wurde wieder aufgegeben, weil, wie der Stadtschreiber mir sagte, die Neuseeländerin, ob Handwerksfrau oder Dienstbote, sich zu sehr lady fühlt, um sich mit dem Schleppen von Waren auf der Straße zu mühen und sehen zu lassen. Wo man sich aber vom Metzger, Bäcker, Gemüse- und Obstgärtner die Waren ins Haus bringen läßt, bedarf man keines Zentralmarktes, und an dem offenkundigen geringen Bedürfnis ging diese Institution ein.

Auch in kleineren Städten finden wir zahlreiche gemeindliche Unternehmungen; so Gaswerke in Invercargill, Lyttelton, Oamaru, Waihi, Petone, Nelson und Wanganui, Elektrizitätswerke in New Plymouth und Lyttelton, eine Trambahn in Petone, Schlachthäuser in Waihi, New Plymouth, Napier, Wanganui, Nelson, Lyttelton, Invercargill, Oamaru und Timaru und ein warmes Bad in Wanganui.

Das wichtige Gebiet der Wohnungsfürsorge ist nirgends von den Gemeinden in Angriff genommen worden, obwohl Neuseeland im Jahre 1905 sogar ein besonderes gesetzliches Mandat erteilte.

Wellington erwähnte wohl in seinem Stadtbericht von 1904 die dringende Notwendigkeit der Herstellung von gesunden Wohnungen und machte sich anheischig, die parlamentarische Genehmigung zur Errichtung von municipal dwellings zu erholen, aber als das Gesetz im Jahre 1905 kam, blieb man in Wellington wie im ganzen übrigen Neuseeland untätig, bis der Bürgermeister von Auckland im Jahre 1907 diese Frage in Fluß brachte; er empfahl die Errichtung von 40 kommunalen Arbeiterhäusern zu 20 000 £, „da die Bautätigkeit in der Stadt in kleinen Wohnungen nicht genügend sei, um der steigenden Nachfrage zu begegnen[1], da eine ungeheure Nachfrage nach kleinen Wohnungen wäre, aber zu einem Wochenmietpreis bis zu 10 sh nur sehr wenig Häuser entstünden, da die als frei annoncierten Wohnungen außerhalb der Zahlungsfähigkeit der gewöhnlichen Lohnarbeiter lägen".

Der Stadtrat schob die Angelegenheit auf die lange Bank und hat sie bis heute (1909) noch zu keiner Regelung gebracht. Bei der Beratung erhob sich auch bereits der Einwand, daß eine Stadt nie so billig bauen könne, wie ein Privatunternehmer und deshalb nicht erfolgreich mit ihm konkurrieren werde, und daß die Bereitwilligkeit des Staates, jedem Arbeiter das notwendige Kapital zur Errichtung eines Hauses vorzuschießen, jedes Vorgehen seitens der Gemeinde erübrige[2].

Dem mangelnden Verständnis für kommunale Tätigkeit steht gleiche Tatenlosigkeit auf dem Gebiete gemeindlicher Bodenpolitik zur Seite.

---

[1] 1906 bestanden in Auckland-City 6918 Häuser: 32 mit einem Raume, 88 mit 2, 1504 mit 3 und 4, 3051 mit 5 und 6, 2044 mit mehr als 6 Räumen; von den übrigen waren 165 unbewohnt oder im Bauen begriffen, 34 entzogen sich statistischer Angabe. Workers Homes Report by his Worship the Mayor (Arthur M. Myers, Esq.). Presented to the Auckland City Council on the 14. February 1907, S. 4.

[2] The Workers Dwelling Act 1905 (An Act to make better provision for the erection of Workers Dwelling) und The Workers Dwelling Act Amendment Act 1905.

Der kommunale Grundbesitz ist meist ganz unerheblich. Da keine Gesetze zu dessen Erhaltung verpflichteten, ist dies nicht zu verwundern; anderseits darf nicht übersehen werden, daß es sich bei den Hauptstädten immer um den geschlossenen Innenbezirk handelt, dessen Grund und Boden oft schon seit Jahrzehnten voll ausgenützt ist und an Bauplätzen weder im öffentlichen noch im privaten Besitz erhebliche Flächen vorhanden sind. In fremden Gemeinden Grundbesitz zu erwerben, lag natürlich ziemlich fern. Was wir heute an städtischem Grundbesitz zu verzeichnen haben, sind nahezu ausschließlich Mietshäuser, die auf städtischem Grund und Boden stehen.

Rühmenswert ist freilich, daß die australischen Städte große Flächen Parkland und Sportplätze besitzen, die wenigstens teilweise als Weide, in Holznutzung und in Miete Ertrag bringen. Immerhin hat der umfangreiche Parkbesitz doch auch seinen großen Wert, da er im ungünstigsten Fall für öffentliche Einrichtungen, wie botanische, zoologische Gärten und ähnliche Zwecke dienstbar gemacht werden kann.

Das Beste schuf der Kolonel Light, der im Jahre 1836 den Sitz für Adelaide wählte und einen breiten Gürtel freies Land um die Stadt im Bebauungsplan legte, der bis heute erhalten blieb.

	Sydney	Melbourne	Adelaide	Hobart	Perth	Brisbane
	Acker					
Überbaute Bodenfläche	2015	4304	1042	1240	2300	3205
Gartenanlagen, Sportplätze und ähnliches.	703	1436	2300	660	1160	252½

Diese Ziffern[1] erschöpfen sich freilich in einigen Städten nahezu völlig in einer einzigen Anlage, die zur Stadt seitlich liegt, wie etwa der Tiergarten zu Berlin: so in Perth im Königspark mit 1018 Acker, in Hobart mit der Königinanlage mit 630 Acker.

Auch hier ist Neuseeland dem Festland überlegen, indem nicht nur die größeren Städte, wie Auckland, Christchurch, Dunedin und Wellington, sich ausgedehnten Stadtbesitzes erfreuten, sondern auch so kleine Orte, wie Lyttelton, Timaru, Invercargill und andere.

Nur in Neuseeland hat wirtschaftliche Tätigkeit wie Bodenpolitik größeres Verständnis gefunden.

[1] Siehe Jahresbericht der Stadt Brisbane für 1904, S. 33.

2. Wirtschaftliche Tätigkeit und Gemeindegrundbesitz im Einnahmebudget der Gemeinden.

Von allen den städtischen Unternehmungen, wie dem gemeindlichen Grundbesitz flossen der Gemeinde in Australien nur geringe Reingewinne zu.

Bei den Wasserleitungen und Kanalisationen hielt im allgemeinen das Selbstkostenprinzip von Gewinnerzielung ab, doch spielen sogar die Gesuche der durch Staatsgelder hiezu in die Lage gesetzten Gemeinden um Nachlässe in ihren Verpflichtungen gegen den Fiskus eine häufig wiederkehrende Erscheinung in den Parlamenten von Neusüdwales und Victoria.

Bei den 23 gemeindlichen Wasserwerken Victorias standen am 30. Juni 1907 nicht weniger als 9786 £ Zinsrückstände zu Buch.

Für öffentliche Bäder wurde der Gesichtspunkt gemeinnütziger Tarifierung in ganz Australasien anerkannt, was die Gemeinde, wo sie solche betrieb, mit oft sehr hohen Lasten bebürdete. Ein ziffernmäßiges Beispiel haben wir in Melbourne; es wies für sein Schwimmbad 1904 folgendes Budget auf:

Einnahmen	2 978 £
Ausgaben:	
Verwaltung . . .	3 071 „
Zinsbedürfnis . . .	938 „
Amortisationsquote .	245 „
Jahresdefizit	1 276 £

In Newcastle hat freilich das große Defizit einen mit geringem sozialpolitischen Verständnis begabten Gemeinderat zur Veräußerung dieser hygienischen Anstalt veranlaßt.

Aber auch bei den Tätigkeiten, bei denen Erwerbsgewinn gerechtfertigt erscheint, flossen nur geringe Erträgnisse.

Sydney, das ein Budget von 260 000 £ hat, zog im Jahre 1907 als bedeutendste Einnahme aus gewerblicher Tätigkeit 15 339 £ aus seinem Elektrizitätswerk. Im übrigen hat es noch nicht 10 000 £ aus seinen Märkten und seinem Grundbesitz (ohne das Rathaus) rein vereinnahmt, wobei der Zinsaufwand für das in Grund und Boden steckende Kapital nur beim Viktoriamarkt berücksichtigt ist. Der berühmte „weiße Elephant“, — wie man in Australien verfehlte Unternehmungen bezeichnet, — der Viktoriamarkt, zehrt mit seiner Verlustziffer alle übrigen kleinen Gewinne auf.

Sydney	1906		Durchschnitt der Jahre 1900—1906	
	Einnahmen	Ausgaben	Einnahmen	Ausgaben
Rathaus	4 024	17 228	3 625	18 321
Ausstellungsgebäude	528	572	563	325
Gebäude:				
Haymarkt	2 084	33	2 047	170
an der Haystraße	353	77	364	112
an der Sussexstraße	656	174	835	134
Viktoriamarkt	15 621	25 848	15 685	24 059
Neuer Belmoremarkt	6 567	2 536	5 737	2 435
Alter Belmoremarkt	3 794	1 699	3 998	1 613
Fischmarkt	3 011	2 633	3 360	3 153
Großviehmarkt	9 612	1 639	9 653	2 528
Kleinviehmarkt	1 588	584	1 397	523
Aborte	1 528	2 324	591	1 052
Pferdemarkt	450	—	344	—
Öffentliches Bad	252	381	217	291

Auch die Hygienisierung der Stadt durch Niederlegung ungesunder Stadtteile wurde für Sydney ein kostspieliges Unternehmen. Es erhielt die Ermächtigung hierzu durch ein eigenes Gesetz vom 5. Dezember 1905.

„Ein Gesetz, das der Gemeindeverwaltung der Stadt Sydney das Recht gibt: Land in der genannten Stadt zu kaufen, das dafür nötige Geld aufzunehmen, mit dem Land alle nötigen Umwandlungen und Rechtshandlungen vorzunehmen und dafür Vorsorge zu treffen, daß Arbeiterwohnungen an den niedergelegten Plätzen oder auch anderswo erstehen."

Sydney hat daraufhin zwei Stadtverbesserungen durchgeführt, am Athloneplatz und an der Wexfordstraße, wo elende, teils von Chinesen bewohnte Häuser das Heim von Krankheiten, Epidemien, Prostitution und Laster aller Art waren. Für die Gesundung der Stadt war damit gesorgt, um die Herstellung von gesunden Ersatzwohnungen für die Vertriebenen kümmerte sich aber die Stadt nicht. Statt ferner nach dem englischen Muster Chamberlains in Birmingham die neugeschaffenen Bauplätze im eigenen Besitze zu behalten und von der Wertsteigerung von Grund und Boden im Laufe der Jahre Vorteile zu ziehen, hat Sydney die Quartiere verkauft und die Unternehmung mit einem endgültigen Verlust von 75 000 £ abgeschlossen.

Erfolgreicher war die kommunalpolitische Tätigkeit Melbournes, das sich 1907 einer Einnahme von 40 000 £ aus seinem Grundbesitz, 21 220 £ aus seinem Elektrizitätswerk und 6117 £ aus seinem Schlachthaus erfreute. Von seinen Märkten und seiner Stadtwage vereinnahmte es netto 8671 £.

Die Hauptstädte Australiens und alle Städte über 5000 Einwohner in Neuseeland	Wasserleitung	Kanalisation	Warmes Bad	Gaswerk	Reinertrag
Australien 1907:					£
Sydney	ö. K.	ö. K.	—	p	—
Melbourne	ö. K.	ö. K.	g	p	—
Adelaide	S.	S	g	p	—
Brisbane	ö. K.	ö. K.	—	p	—
Perth	ö. K.	ö. K.	—	p	—
Hobart	g	g	—	p	—
Neuseeland 1905:					
Provinzialdistrikt Auckland					
Auckland	g	g	—	p	—
Devonport	g	g	—	p	—
Grey Linn	—	g	—	p	—
Parnell	—	g	—	p	—
Waihi	g	—	—	(g)	—
Provinzialdistrikt Taranaki:					
New-Plymouth	g	g	—	p	—
Provinzialdistrikt von Hawke Bay:					
Napier	g	g	—	p	—
Provinzialdistrikt von Wellington:					
Wellington	g	g	—	p	—
Palmerston North	g	g	—	—	—
Petone	g	g	—	g	111
Wanganui	g	g	g	g	1945
Provinzialdistrikt von Nelson:					
Nelson	g	g	—	g	—
Provinzialdistrikt von Canterbury:					
Christchurch	g	g	—	p	—
Timaru	g	g	—	p	—
Lyttelton (3941 Einwohner)	g	g	—	g[2]	508
Provinzialdistrikt Otago:					
Dunedin	g	ö. K.	—	g	—
Roslyn	—	—	—	p	—
Invercargill	g	g	—	g	350
Oamaru	g	g	—	g	1019

1 Markt vordem in Händen der Gemeinde.

2 Zwangsweise erworben, erster Fall von compulsory acquisition in Neu

3 verpachtet.

4 Ertrag von 135 Stadtgrundstücken.

Erklärung der Abkürzungen: g = gemeindlich, p = privat, gs = gemeindlich

Elektrizitätswerk	Reinertrag	Trambahn	Reinertrag	Schlachthaus	Reinertrag	Markt	Reinertrag	Größe des gemeindlichen Besitzes ausschließlich Gartenanlagen und öffentlichen Plätzen (Acker)	Sein Ertrag (£)
	£				£				
g	15 339	S	—	S	—	g	—	703	—
g	21 220	p	—	g	6117	g	8671	1436	40 000
p	—	ö. K.	—	g	—	—	—	2300	—
p	—	p	—	p	—	g	—	252½	—
p	—	p	—	p	—	gs	—	1160	—
p	—	p	—	p	—	—	—	660	—
—	—	p	—	g	423	p [1]	—	—	11 900
—	—	—	—	—	—	—	—	—	—
—	—	p	—	—	—	—	—	—	—
—	—	p	—	p	—	—	—	970	30
—	—	—	—	(g)	—	—	—	32	—
(g)	—	—	—	g	—	—	—	2076	150
—	—	—	—	g	—	—	—	2101	218
g	—	g	—	(g)	—	—	—	1658	9 832
—	—	—	—	—	—	—	—	232	222
—	—	(g)	—	—	—	—	—	86	—
—	—	—	—	g	—	—	—	2050	79
—	—	—	—	g	97	—	—	91½	10
g	386	g	—	g	—	—	—	6530	591
—	—	—	—	g	150	—	—	2048	501
—	—	—	—	g	45	—	—	2200	1 634
—	—	g	—	g	348	—	—	—	9 480
—	—	p	—	—	—	—	—	624	45
—	—	p	—	g	—	g [3]	143	1100	605 [4]
—	—	—	—	g	—	p	—	—	—

seeland.

subventioniert, ö. K. = öffentliche Körperschaft, S = Staat, ( ) = in Bau begriffen.

Alle übrigen städtischen Gemeinden (municipalities) Victorias zusammen schöpften 1907 bei einem Jahresbudget von $1^1/_2$ Millionen nur 66 601 £ aus Grundbesitz und 57 190 £ von Märkten einschließlich der Stadtwage und das waren Bruttoeinnahmen.

Auch in Neuseeland ist die gewerbliche Tätigkeit der Gemeinden noch zu keiner nennenswerten Einnahmequelle geworden, doch bringt der Bodenbesitz manchen Orts guten Ertrag.

Christchurch erzielte 1905 aus der Versorgung mit elektrischem Licht eine Reineinnahme von 386 £.

Die Hauptstadt Wellington hat hingegen durch einen sehr niederen sozialpolitischen Trambahntarif dieses Unternehmens in ein Defizit gestürzt, das sie durch Beseitigung des einmal eingewöhnten Tarifs nicht zu beseitigen wagt.

Dunedin hatte bei seinem Gaswerk 1905 einen Verlust von 3000 £, verdiente hingegen an seiner Trambahn 5700 £, an seinem Schlachthaus 348 £.

Auckland zog aus seinem Schlachthaus 423 £.

Aus städtischem Grund und Boden flossen in die Stadtkasse von Auckland 11 900 £, von Wellington 9832 £, von Dunedin 9480 £ und von Christchurch 591 £.

Auch einige kleine Städte weisen beträchtliche Einnahmen aus Gewerbebetrieb und Grundbesitz auf.

(Siehe Tabelle S. 104/5.)

Trotz dieser geringen Erträgnisse wurde bei der Tarifierung der öffentlichen Anstalten sozialpolitischen Rücksichten nur wenig Raum gewährt:

Die zwei neuseeländischen Städte Wellington und Lyttelton spielen eine rühmliche Ausnahme, wenn sie den Wasserbedarf für häusliche Zwecke unentgeltlich verabreichen.

So entbehren die australischen Gemeinden noch in großem Umfang der volkswirtschaftlich förderlichen kommunalen Institutionen und damit einer Einnahmequelle, wodurch die Steuerlast herabgesetzt werden könnte. Mangels einer sozialpolitisch abgestuften Tarifierung kann es auch nicht gebilligt werden, daß vielerorts volkshygienische Unternehmungen sogar unter dem Selbstkostenprinzip betrieben werden.

Diesen Verhältnissen hält der australische Kommunalpolitiker Vivian Biggs die Resultate des Heimatlandes gegenüber[1]:

---

[1] In „Greater Melbourne", Melbourne 1900, S. 26.

Wenn in England im Jahre 1899 aus 88 Mill. £, die in gemeindlichen Unternehmungen aller Art staken, 3³/₅ Mill. Reinprofit erzielt werden konnten, so ist das ein schöner Ausblick für Australien, was aus gemeindlicher Tätigkeit an Einnahmen erzielt werden könnte, ganz abgesehen von der Befruchtung des gesamten wirtschaftlichen und öffentlichen Lebens durch Gemeindeunternehmungen.

3. Vornahme gemeindlicher Tätigkeiten durch Staat, öffentliche Körperschaften und private Gesellschaften.

Wir haben in Deutschland, wie anderswo Zentralisationsphantasten, die am liebsten alles in die Hand des Staates legen würden. Australien zeigt uns, daß das Eingreifen des Staates in lokale Wirtschaftstätigkeit eine wenig glückliche ist und weit besser von solcher der lokalen Selbstverwaltungskörper ersetzt werden würde.

Sydney klagt über die beispiellos verkommenen Verhältnisse des ganz veralteten staatlichen Schlachthauses in Glebe. Es wird mit Recht beanstandet, daß in einer Angelegenheit von so großer kommunalpolitischer Bedeutung, wie der eines Schlachthauses, die Staatsregierung, die den Bürgern Sydneys nicht verantwortlich ist, tätig ist.

In Perth ist das Wasserwerk Gegenstand der bittersten Angriffe. Dieses Unternehmen ist in Wirklichkeit Staatsanstalt, wenn es auch einem besonderem Board untersteht, denn dieser setzt sich aus vier vom Staat ernannten Personen zusammen, die so sehr der Willkür der Staatsverwaltung unterliegen, daß sie im November 1904 vom Staat ihres Amtes entsetzt wurden und der Minister für öffentliche Arbeiten die Geschäfte selbst mehr als ein Jahr leitete.

Der Bürgermeister von Perth schildert in seinem Jahresbericht 1902/03 die Zustände dieser Verwaltung wie der Einrichtung selbst in bewegten Worten: „Obwohl ich gesetzesmäßig die Stadt im Metropolitan Waterworks Board vertrete, sind meine Bemühungen völlig erfolglos gewesen, da einige der Ausschußmitglieder sich offensichtlich dem Interesse der Bürger widersetzten. Die Qualität des Wassers ist außerordentlich mangelhaft, Proben, die entnommen wurden, zeigten im Sommer eine sehr schlechte organische Beschaffenheit des Wassers, in den Wintermonaten erwies es sich eisenhaltig und mit Pflanzenbestandteilen durchsetzt. Das artesische Wasser, womit die Stadt hauptsächlich versehen wird, ist überhaupt viel schlechter als Erdoberflächenwasser. Trotz dieser Nachteile kostet das Wasser 2 sh für 1000 Gallons gegenüber 1 sh in Melbourne und

Sydney und 1 sh und 3 d in Adelaide. Die Ausgabe für Wasserwerke pro Kopf der Bevölkerung in englischen Städten von der Größe von Perth betrug 3 £, in Melbourne betrug die Ausgabe 7 £, in Perth 13 £. Die Gebühren sind in Perth so hoch, daß manche Hausbesitzer elektrische Kraft statt hydraulischer benützen, selbst artesische Brunnen anlegen oder sonstwie nach Wasserversorgung sich umtun. Das staatliche Werk ist überkapitalisiert und die Abschreibung eines Teiles des Kapitals ist notwendig, will man nicht das Unternehmen in schlimmster finanzieller Mißwirtschaft verharren, die Einwohner selbst mit unerträglichen Wassergebühren belastet sein lassen. Die Neubestellung des Ausschusses unter der Verleihung des Wahlrechts für die Ausschußmitglieder an die Bürger ist der einzige Weg, Besserung erhoffen zu können."

Durch den Eigensinn des Staates, das Kanalisationswesen von Perth selbst in die Hand zu nehmen, ist Perth bis heute ohne zeitgemäße Kanalisation geblieben.

Ein späterer Bericht des Bürgermeisters von Perth ist von dem Verlangen auf andere Bestellung des Ausschusses zu der Erkenntnis von der Notwendigkeit der Eigentätigkeit der Gemeinde vorgeschritten:

„Jede Regierung hat Wasserversorgung und Kanalisation von Perth zum Objekt ihres Programms gemacht, und doch ist keines der 6 Ministerien der letzten 5 Jahre dieser Frage näher getreten. Ein Ministerium kommt an seine Stelle, nimmt einen definitiven Plan auf, verläßt seinen Platz aber bereits, ehe es die Angelegenheiten vor das Parlament bringt — keines eben betreibt kommunale Angelegenheit mit besonderem Ernst und der ihnen zukommenden Wichtigkeit und so wird jeder Fortschritt um Monate, ja um Jahre verzögert. Der Staat möge die Hand von diesen Dingen lassen und uns nicht weiter darin hemmen, er gebe uns selbst die gesetzliche Befugnis und die finanzielle Kraft durch Ausdehnung unserer Anleihebefugnis, denn solche öffentliche Arbeiten wie Kanalisation und anderes sind weit besser in der Hand der Gemeinde."

Nicht weniger schlimm sind die Klagen über das Wasserwerk in Freemantle, das seiner Organisation nach auch eine Staatsanstalt ist: man klagte, daß die dortige artesische Wasserversorgung wegen ihrer starken mineralischen Bestandteile geradezu gesundheitsschädlich sei.

Wo der Staat ganz allgemein Wasserleitungen und Kanalisationen einrichtet, klagt man, daß er dies zu schablonenhaft tut und weder in der Anlage, noch in Verwaltung und Tarifierung die individuellen lokalen Verhältnisse berücksichtigt.

Die aus Straßenbahnen erzielbaren Gewinne sind Sydney und Newcastle vorenthalten, da dort die staatliche Eisenbahnverwaltung diesen Verkehr besorgt; in Victoria hat die staatliche Straßenbahn St. Kilda-Brighton die in Länge von 5,13 Meilen Vororte Melbournes durchzieht, freilich nur Defizite gebracht; es betrug 1906/07, dem ersten Betriebsjahre, 9782 £, 1907/08 6065 £.

Auch die öffentlichen Körperschaften haben die lokalen Angelegenheiten nicht mit jenem Verständnis besorgt, das ein auf dem Willen und Wünschen der Allgemeinheit basierter Gemeinderat besitzen muß und wird. Das macht sich um so schlimmer geltend, je weniger die Gemeinde an der Verwaltung dieser Boards und Trusts beteiligt ist. Es entstand deshalb in Australien eine Bewegung, die öffentlichen Körperschaften wenigstens nach dieser Richtung hin zu reformieren. So hat die öffentliche Meinung sich bei der Neubestellung der Körperschaft für die Verwaltung des Hafens von Sydney — Sydney-Harbour-Trust — gegen die Ernennung der drei Verwaltungsmitglieder, Commissioners, durch den Staat ausgesprochen und die Basierung dieses Körpers auf Wahe gefordert. (Sydney Morning Herald 29. Februar 1908.)

Wie die öffentlichen Interessen von solchen Körperschaften vernachlässigt werden, zeigt sich uns an zahlreichen Beispielen:

Die Wasserversorgung in Brisbane, die in Händen einer öffentlichen Körperschaft liegt, ist Gegenstand nie verstummender Klage.

Der Bürgermeister schreibt: „Im Interesse der Gesundheit der Bürger unserer Stadt wäre es, wenn eine bessere Versorgung mit Wasser und ein entsprechendes Kanalisationswesen bestände", doch meint er — in solche kommunalpolitische Entsagung und Ohnmacht ist man bereits verfallen: „diese Angelegenheiten müssen von einem Wasser- und Kanalisationsausschuß besorgt werden und sind deshalb nicht Sachen der Stadt."

Man bevorzugt in Brisbane das Wasser von der Dachtraufe, und der Regenwassertank wird sorgsam gefüllt, damit man nicht das grünliche, übelschmeckende Wasser der „Wasserversorgung" trinken muß. Es liegt ein Humor darin, leider einer, der sichs damit genug sein läßt, die bestehende Lage zu höhnen, statt auf ihre Beseitigung zu denken, wenn der Stadtbericht Brisbanes schreibt:

Water water everywhere
Nor any drop to drink.

Auch die Finanzierung dieser öffentlichen Unternehmungen ist teilweise eine wenig gemeinnützige, so ist die öffentliche Körperschaft für Wasserversorgung in Sydney nicht auf größtmögliche Vervollkommnung ihres Werkes bedacht, sieht anderseits nicht einmal Amortisation vor, lieferte dafür aber im Jahre 1905 dem Staat einen durch solch verfehltes Finanzgebaren entstehenden Reingewinn in Höhe von 29 116 £, 1906 sogar einen solchen von 41 560 £, 1907 von 31 828 £, 1908 von 25 361 £ ab. Das Kanalisationsunternehmen brachte in den Jahren 1905 mit 1908 Reinerträge von 25 061 £, 30 734 £, 14 743 £ und 4096 £. Wie wenig diese Wasser- und Kanalisationskörperschaft dem Interesse der Stadt dient, kann aus einer Beschwerde der Baumeistervereinigung Sydneys ersehen werden: „Dadurch, daß der Staat die Körperschaft nicht mit genügenden Mitteln versieht, entstehen fortwährend Stockungen und die Körperschaft kann ihre Arbeiten nicht so durchführen, wie sie will. Obendrein verlangt die Körperschaft die Garantie einer sechsprozentigen Zins- und Amortisationsabgabe für jede ihrer Kapitalsaufwendungen. Dies hat die Entwicklung der Vororte auf das schwerste gehemmt, die Bautätigkeit stockt, Bauarbeiter sind untätig und wo gebaut wird, geschieht es zu ungünstigen hygienischen Bedingungen; es fehlt eine den Bedürfnissen der Stadt entsprechende Ausdehnung des Wasser- und Kanalisationsnetzes und es hinkt somit in schädlicher Weise der tatsächlichen Stadtentwicklung nach.“

Am fremdesten sind jedoch natürlich die Privatgesellschaften den lokalen Bedürfnissen gegenüber gestanden und am taubsten allen Wünschen, wenn diese sich mit ihrem Gewinnstreben in Gegensatz stellten. Das Verfahren in der Konzedierung weist schon schwere Verstöße gegen das Interesse der Allgemeinheit auf:

Die Erlaubniserteilung zum Betriebe bedarf gesetzlicher Ermächtigung, wobei die Gesetzgeber sich meist wenig um die Interessen und Wünsche der Stadt kümmerten, wenn nicht ein gewandter Parlamentarier sich ihrer annahm. Der Staat behält sich obendrein meist ein Überwachungsrecht der Privatgesellschaft neben der Stadt vor oder bevormundet den Verkehr dieser mit der Privatgesellschaft; so ist in Perth jedes Vorgehen der Stadt gegen die Trambahn an die vorherige Einnahme der staatlichen Eisenbahndirektion geknüpft.

Die Verstaatlichung oder Verstadtlichung ist selbst noch in Verträgen neuester Zeit auf die denkbar ungünstigste Weise geregelt, indem wohl das Recht hierzu festgesetzt wurde, aber die Wertbestimmung des Unternehmens freiwilliger Übereinkunft oder einem Schiedsspruch sorglos überlassen blieb.

Von wenigen Ausnahmen abgesehen, haben Privatgesellschaften sich nicht nur von jeder Verpflichtung in Betrieb und Tarif, sondern auch von Abgaben freizuhalten gewußt.

In Melbourne ist es eine veraltete elektrische Kabelbahn, die in Betrieb wie Tarif die Interessen der Gemeinde und ihrer Bürger auf das rücksichtsloseste mißachtet. Sie vermochte unter diesen Umständen Dividende bis zu 15 % zu verteilen. Die Gasgesellschaft in Melbourne verlangt den doppelten und dreifachen Preis englischer Städte, obwohl die Kohlenzufuhr von Newcastle auf dem Wasserweg erfolgen kann. Während die London South Metropolitan Gas Company 2 sh für 1000 Kubikfuß erhebt, die Gesellschaft in Sheffield 1,1—1,5 sh je nach der Konsumqualität, verlangt man in Melbourne 5 sh (Age, 13. November 1906).

In Newcastle ist dem Gaswerk keine Grenze irgend welcher Art gegeben und es hat, obwohl die „Stadt der Kohle", Einheitssätze von einer Höhe, wie sie kaum irgendwo in England oder Australien sich sonst finden. Es nützt seine Monopolstellung mit allem ungezügelten Erwerbsstreben aus. In Albury, einer anderen Stadt von Neusüdwales, suchte man, obwohl die Gesellschaft stets 10 bis 25 % Dividende verteilte, vergebens die Verbesserung der Qualität des Gases und seine Verbilligung zu erreichen, so daß man allen Ernstes die Errichtung eines eigenen Elektrizitätswerkes ins Auge faßte. Die Gaswerke zu Brisbane, Adelaide, Perth und Hobart rentierten sich gleichfalls zu 10—20 %.

Schwer litt Adelaide unter den völlig ungenügenden Verhältnissen seiner Pferdetrambahnen, wohl der letzten ihrer Art auf dem Erdenrund, die endlich mit der Übernahme durch eine öffentliche Körperschaft im Jahre 1908 einem elektrischen Betriebe wichen.

Nur in Perth und Auckland wurden bescheidene Auflagen erreicht.

In Perth sind neben einer Abgabe von 3 % von der Bruttoeinnahme aus den Fahrkarten an die Stadt, wogegen diese aber auf alle Steuern und Abgaben verzichtete, noch für gewisse Tagesstunden, morgens bis 8 Uhr und abends von 5 bis 6½ Uhr besonders niedrige Tarife bedungen worden. Auch sind Maximaltarife für Dutzendkarten und Kinderbillets aufgestellt. Außerdem hat die Stadt das Recht, das Schienengleise in den Stunden der Betriebsruhe zu benützen. Nach 21 Jahren geht die Trambahn auf Verlangen gegen Erstattung des Wertes der Anlage, der Grundbesitz höchstens zum Einkaufspreis ohne Zinsvergütung, das übrige nach einer eventuell von einem Schiedsgericht zu treffenden Schätzung an die Stadt über; nach 35 Jahren genügt der Ersatz des vom Unternehmer für Grund und Boden bezahlten Preises.

In Auckland hat die Trambahn wenigstens die Straßen in Stand zu halten, woneben die Stadt an dem Reingewinn bis zur Höhe von 5000 £ mit 5 %, darüber mit 10 % teilnimmt.

Bei der Zersplitterung in der Besorgung kommunaler Angelegenheiten wird auch der Boden der Städte von den verschiedensten Autoritäten aufgewühlt, was vom Verkehr lästig empfunden wird. Die endlose willkürliche Grabarbeit von all den Körperschaften und Gesellschaften hat endlich die Geduld des Magistrats von Adelaide erschöpft, so daß er bei der Regierung vorstellig wurde, ein Gesetz zu verabschieden, wonach alle Straßenarbeiten der nicht von der Gemeinde verwalteten öffentlichen Einrichtungen von der Stadt durchgeführt werden müssen.

Trotz aller dieser Erfahrungen in den verschiedenen Städten ist die Selbstbetätigung der Gemeinden eine sehr geringe geblieben und ohne die Durchsetzung der „Greater town"-Bewegung, die größere Gemeinden zu größeren Zielen wachsen lassen wird, ist wenig zu hoffen.

Heute herrscht ein Gezänk und ein eifersüchtiges Streiten in den in zahlreiche Selbstverwaltungskörper zersplitterten Großstädten, was noch immer dem Staat oder öffentlichen Körperschaften gemeindliche Aufgaben zu lösen gibt[1], da diese sonst, bis sich die vielen Gemeinden langsam geeinigt hätten, noch lange ihrer Erfüllung harren müßten.

Die Gemeinde aber leidet noch mehr, wo überhaupt jeder gute Wille und Gemeinsinn fehlt, und das ist bei den privaten Erwerbsunternehmungen der Fall; hier hat im vollen Sinne der Dritte die Freude

[1] Wie viel verschiedene Autoritäten in einer australischen Stadt nebenher laufen, ist am besten gezeichnet, wenn man die Gewalten und Unternehmer nennt, die einem auf dem Weg durch die City von Sydney begegnen: der Bürger nähert sich der Stadt auf der Bai mit der Fähre einer Privatgesellschaft und landet im Rechtsgebiet der öffentlich-rechtlichen Sydney-Hafenverwaltung, bei seinem Weg zum Bureau stolpert er über Erdhaufen, von denen einer von der Stadtgemeinde, der andere vom staatlichen Arbeitsamt, ein dritter von der Wasser- und Kanalisationskörperschaft, ein vierter von dem bundesstaatlichen Postamte, ein fünfter von der staatlichen Trambahnverwaltung, ein sechster von der privaten Gas- oder der privaten Kraftkompagnie aufgehäuft ist; bei Nacht leuchtet ihm hier städtisches elektrisches, dort privatgesellschaftliches Gaslicht; der Verkehr wird von staatlicher Polizei, die auch über die Ausführung einer Anzahl gemeindlicher öffentlicher Vorschriften wacht, geregelt: Gesundheitsvorschriften gegen Pestgefahr ergehen vom Staat, andere von der Stadt, die Wirtschaften unterstehen staatlicher Konzession, die Nahrungsmittelkontrolle übt der gemeindliche Gesundheitsbeamte aus, das Fleisch kommt teils vom staatlichen Schlachthaus, teils von privaten Schlachtstätten, über die dort städtische, hier staatliche Inspektoren wachen, die sich nach städtisch-staatlichen Verordnungen richten sollen; dort kommt die Feuerwehr, die einer besonderen Körperschaft Existenz und Weisungen verdankt; dieser Garten blüht unter staatlicher Munifizenz, jener dorrt unter gemeindlicher Sparsamkeit, der Friedhof dort hat wieder seine eigene juristische Persönlichkeit und so läßt sichs fortsetzen.

auf Kosten der Gemeinden, die sich streiten, statt zu einer Einigung sich zu verstehen, zu der die Privatgesellschaften vom anderen Ausgangspunkte aus in ihrem Interesse zu gelangen wissen.

4. Städtische Arbeiten und Arbeiter.

Die städtischen Arbeiten sind in Australien neben der geringen wirtschaftlichen Tätigkeit auf wenige Gebiete, wie Straßenbau, Straßenreinigung und Hausunratabfuhr beschränkt, aber auch hier ist dem Privatunternehmer vielfach die Ausführung überlassen.

Unter diesen Umständen sehen wir in Australasien eine gegenüber England und Deutschland sehr geringe kommunale Arbeitstätigkeit und damit eine geringe städtische Arbeiterschaft. Doch haben sich hier nichtsdestoweniger für die wichtigen sozialpolitischen Fragen des Arbeitsvertrages interessante Lösungen ergeben.

Die city von Sydney zeigt in ihrem Stab von 568 Personen den Umfang ihrer eigenen Tätigkeit. Englische Städte von gleichem Umfang — Sydney city zählte 1906 124 486 Einwohner — haben tausende von Arbeitern in Sold: z. B. Birckenhead mit 118 441 Einwohnern hat eine Arbeiterschaft von 2798 Köpfen. Sydney hat die Straßenreinigung, die Abfuhr von Kehricht und Fäkalien in eigener Regie, die Straßen stellt sie nur zum Teil selbst her. Die Errichtung einer städtischen Druckerei, welche die Trades' Hall anregte, wurde unter dem Hinweis auf die Ungleichheit der Arbeitsmenge während der Dauer eines Jahres abgelehnt. Die Lohnverhältnisse sind hier durch den staatlichen Lohnschiedsgerichtshof geregelt, doch hat die Stadt ihrem Wunsche „a model employer“ zu sein (Stadtbericht v. J. 1902, S. 102), noch besonders Ausdruck verliehen, indem sie den Angestellten 12 Tage Urlaub unter Fortbezahlung des Lohnes gewährt.

Das Problem der Krankenfürsorge für alle städtischen Arbeiter und das der Unfallversicherung der Straßenreinigungsjungen kam über die Beratungen des Jahres 1902 nicht hinaus zur Verwirklichung.

Wo städtische Arbeiten an Unternehmer vergeben werden, ist die Bedingung aufgenommen, daß Gewerkvereinslöhne gezahlt werden müssen, soweit eben nicht die Lohnfrage bereits durch das Schiedsgericht geregelt ist.

Sydney hat in den letzten Jahren auch den Übergang von der Vergebung in Submission zur eigenen Ausführung versucht; es unternahm im Jahre 1906 die Straßenherstellung in eigener Regie. Der Versuch fiel, soweit es den Belag der Straßen mit Holzpflaster betraf, ungünstig aus, da die Quadratelle Holzpflaster sich auf 1 sh 10 d bezifferte, während sie unter dem Kontraktsystem sich auf 1 sh 5 d stellte, andere Arbeiten, wie die Herstellung von Teertrottoirs und blue metall-Belag führten unter strenger Aufsicht zu günstigem Resultat. (Annual Report. City of Sydney, 9. Februar 1907, S. 30, 177 ff.)

Um das Protektionswesen einzudämmen, ist dem Stadtingenieur freie Hand gegeben, anzunehmen und zu entlassen, wie immer es ihm gutdünkt, jeder Versuch eines Stadtverordneten, einen Arbeiter unterzubringen, soll als genügender Grund gelten, diesen Arbeiter nicht einzustellen.

Zur Zeit der Arbeitsnot im Jahre 1904 kam der Magistrat einem Wunsche der Trades' Hall entgegen und erklärte sich bereit, wo gleichfähiges Angebot vorliege, Arbeitern, die in der city wohnen, den Vorzug vor anderen bei der Einstellung einzuräumen.

Melbourne hat eine ähnliche kommunale Tätigkeit wie Sydney, da es das Straßenwesen in eigener Regie betreibt, ebenso besorgt es die Abfuhr von Unrat und Fäkalien mit eigenen Leuten, nur Pferde und Wagen sind gemietet. Auch hier hat der Stadtingenieur die volle Befugnis zur Anstellung und Entlassung der Arbeiter.

Durch Stadtratsbeschluß vom 20. Januar 1896 wurde eine Kommission beauftragt, über die Lohnzahlung der Arbeiter bei Submissionsaufträgen Normen aufzustellen; wenn das Resultat dieser Kommission auch nicht formell zum Beschluß erhoben wurde, so wird es doch tatsächlich beachtet:

Man lehnte sich bei dieser Regelung an die Normen der in Victoria bestehenden minimum wages boards an.

Danach wurde ein minimum wage für alle Arbeiter empfohlen, der etwas niedriger ist, als der von der Stadt für kräftige und geübte Arbeiter ausgeworfene Lohn; dabei soll dieser Mindestlohn doch ein „billiges" (fair) Entgelt für die Dienstleistung sein: während der minimum wage für Personen von 18—55 Jahren auf 85 % jenes Lohnes sich stellen muß, soll der jugendlicher Arbeiter mindestens 50 %, der alter Leute 75 % jenes Lohnes betragen.

Der Stadtrat schloß sich für seine eigenen Arbeiten der bei der Wasser- und Kanalisationskörperschaft üblichen Entlohnungsskala an:

Für Arbeiter unter 16 Jahren ein Tagesminimallohn von 2 sh 6 d,
" " von 16—20 " " " " 4 sh,
" " " 20—55 " " " " 6 sh,
" " über 55 " " " " 4 sh.

Adelaide, mit einer Beschäftigungszahl von 140 Arbeitern, betreibt Straßenbau und Unratabfuhr in städtischer Regie; die Machtstellung der Stadtingenieure ist hier durch Beschwerde an Stadtschreiber und works comittee beschränkt. Die im Jahre 1905 angeregte Altersversorgung der Angestellten wurde unter Hinweis auf das in Aussicht stehende bundesstaatliche Old Age Pensions-Gesetz, das endlich im Jahre 1908 kam, leichthin abgelehnt.

In Freemantle und Perth werden nur kleinere Straßenreparaturarbeiten in eigener Regie geführt; das Abfuhrwesen sah man sich gezwungen, in eigene Regie zu nehmen, da die Privatunternehmer sehr schlecht und teuer wirtschafteten. Hier stehen die Arbeiter bei städtischen wie Submissionsarbeiten unter der Regelung des Arbeitsvertrages der staatlichen Lohnschiedssprechung[1].

Hobart hat Straßenbau und Straßenreparatur in eigener Hand. Wo Arbeit vergeben wird, wie bei der Abfuhr von Unrat und Fäkalien, ist die Wochenarbeitsdauer von 48 Stunden sowie die Arbeitsfreiheit an Samstagen bedungen; die Höhe der Löhne ist jedoch dem Unternehmer anheimgestellt.

Auch in Neuseeland blieb es neben der größeren wirtschaftlichen Tätigkeit meist bei der Besorgung des Straßenwesens, während Tief- und Hochbauten in Kontrakt vergeben werden. Die Entfernung der Fäkalien ist nahezu überall privater Tätigkeit überlassen.

Die Unratabfuhr und -vernichtung erfolgt in Auckland, Christchurch, Wellington, Napier und Lyttelton in eigener Regie; in Dunedin, Timaru und den meisten kleinen Städten durch Vertrag mit Privatunternehmern.

Wellington hebt in einem seiner Berichte hervor, daß es die Herstellung von Holzpflaster in eigener Regie billiger durchzuführen vermochte, als es bei Vergebung in Submission geschah.

Im Gegensatz zu der in ganz Australien üblichen Tagesentlassung hat sich Wellington zur Einführung einwöchiger Kündigung entschlossen; hier wurde im Jahre 1906 auch der arbeitsfreie Samstag Nachmittag den Arbeitern eingeräumt. Eine Merkwürdigkeit ist vielleicht, daß ständig beschäftigte Arbeiter um 1 sh weniger Lohn erhalten, als vorübergehend beschäftigte; es ist dies damit begründet, daß jene immer, auch bei schlechtem Wetter, Lohn beziehen und sich deshalb mit geringerem Lohne begnügen könnten.

Die Stellung des Stadtingenieurs ist auch hier gegenüber der Arbeiterschaft verselbständigt worden.

---

[1] Vgl. hierüber meine Abhandlung: „Schiedsgerichte und Lohnausschüsse in Australien" im Archiv für Sozialwissenschaft, Bd. XXVII und XXVIII.

In Neuseeland sind die meisten Arbeitsgebiete und damit auch die der städtischen Arbeiter durch die Schiedsprechung des Court of Arbitration geregelt[1], daneben schreibt hier das Gemeindegesetz vor, daß in allen Submissionsverträgen sich als Bedingung finden müsse, daß die ortsüblichen Löhne gezahlt werden.

Das Municipal Handbook of New Zealand für 1905 zeigt uns daneben noch viele Beispiele besonders arbeiterfreundlicher Politik seitens der Gemeinden:

(Siehe Tabelle S. 117.)

Einrichtungen, wie städtischer Arbeitsnachweis und Fürsorge für die Arbeitslosigkeit im Winter blieben dem Staat überlassen, für jene fehlte in den plutokratischen Gemeindeverwaltungen das Verständnis, für dieses die Möglichkeit der Arbeitsbeschaffung.

So lange der Hausbesitz selbstsüchtig die australasischen Rathäuser beherrscht, wird auch wenig Hoffnung sein, daß man zu einer größeren Ausdehnung der städtischen Tätigkeit kommt, womit die Möglichkeit entfällt, von der Gemeinde aus auf den Arbeitsmarkt einen regulierenden und kontrollierenden Einfluß auszuüben.

5. Reform.

Diese Untätigkeit und Rückständigkeit in der wirtschaftlichen Tätigkeit der australasischen Gemeinde konnte natürlich nicht ohne Kritik im eigenen Lande bleiben. In der Tat suchen die fortschrittlichen Parteien diesen Zustand durch einschneidende Reformen zu beseitigen, doch ist bis jetzt von Seite der Regierungen nicht viel geschehen.

Wenn auch neuere Gesetze, wie die Gemeindegesetze von Neusüdwales, oder die Stadtordnung für Sydney-City oder die Stadtgemeindeordnung für Neuseeland einigen Fortschritt gebracht haben, jene in Verselbständigung der Verwaltung durch Herstellung eigener finanzieller Basis, alle in Erweiterung der Anteilnahme der Bevölkerung an der Gemeindeverwaltung, so konnten sie natürlich nicht den mangelnden gemeindepolitischen Geist bringen, der in Australasien fehlt, weil die Gemeinde einen zu beschränkten Wirkungskreis hat, weil sie an allen Ecken und Enden von Governor, Parlament oder Regierung abhängig gemacht ist und in ihrer Eigentätigkeit durch Staat und Körperschaften aller Art geschmälert und beeinträchtigt ist. Vor der königlichen Kommission zur Untersuchung der Vergrößerung der gemeindlichen Verwaltungsbezirke, die vom Parlamente von Victoria berufen wurde, wies der Stadtschreiber von Melbourne auf die weit geringere

[1] S. Anm. S. 115.

Stadt 1905	Mindestlohn im Tage	Arbeitszeit (Stunden)	Sonstige Bemerkungen
Provinzialdistrikt von Auckland:			
Auckland	7 sh (Knaben 3 sh 4 d)	8	Weiteres[1] in den Schiedsgerichtsentscheidungen.
Birkenhead	7 sh	8	
Grey Linn	7 sh 6 d	—	
Newmarket	2 sh 5 d die Woche	8	Bezahlung auch an Feiertagen.
Hamilton	7 sh	8	Ferien zwischen Weihnachten und Neujahr, „Arbeitertag" (labourday) frei.
Provinzialdistrikt von Taranaki:			
Hawera	7 sh 6 d	8	Samstag halber Arbeitstag.
Waitara	7 sh	8	8 Tage Urlaub im Jahr.
Provinzialdistrikt von Wellington:			
Wellington	7 sh	47 die Woche	Weiteres[2] in den Schiedsgerichtsentscheidungen. Samstag halber Arbeitstag.
Greytown	7 sh	—	Donnerstag halber Arbeitstag.
Miramar	8 sh	48 die Woche	
Petone	1 sh 1 d die Stunde	48 „ „	
Provinzialdistrikt von Nelson:			
Nelson	7 sh	47 die Woche	Samstag halber Arbeitstag.
Westport	9 sh	8	
Provinzialdistrikt von Westland:			
Hokitika	9 sh	8	
Brunen	10 sh	8	
Greymouth	8 sh 9 d	8	Samstag halber Arbeitstag.
Provinzialdistrikt von Canterbury:			
Christchurch	7 sh	48 die Woche	8 Tage Urlaub.
Ashburton	7 sh	8	6 Tage Urlaub mit voller Bezahlung.
Lyttelton	1 sh die Stunde	—	Einen halben Arbeitstag die Woche.
Rangiora	6 sh	8	Feiertage und Regentage voll gezahlt.
Provinzialdistrikt Otago:			
Dunedin	7 sh 6 d	48 die Woche	„Arbeitertag" frei.
Maori Hill	8 sh	8	6 Tage Urlaub voll bezahlt.
Mornington	7 sh	—	An 3 Feiertagen voll bezahlt.
West-Harbour	7 sh 6 d	—	An 5 Feiertagen (inkl. Labourday) voll bezahlt.
Invercargill	7 sh	8	Einen halben Arbeitstag frei die Woche.
South-Invercargill	7 sh	44 die Woche	
Mosgiel	6 sh 6 d	8	5 Tage Urlaub voll bezahlt.
Port Chalmers	8 sh	44 die Woche	

Die anderen Städte und Grafschaften (borough) haben fast alle 7 sh bei 8 Stunden.

[1] Über Bezahlung an Feiertagen, Einzelheiten des Arbeitsvertrags, Lohn- und Arbeitsbedingungen der gelernten Arbeiter.

[2] Feststellung der Feiertage, Lohn- und Arbeitsbedingungen der gelernten Arbeiter.

kommunale Tätigkeit der australischen Gemeinde hin gegenüber der englischer Städte oder der des Londoner Grafschaftsrates.

Er bezeichnet jene Gebiete, die in England im Bereich der kommunalen Tätigkeit liegen, in Victoria aber von dieser nicht berührt werden:

1. Polizei,
2. Unterricht,
3. Verwaltung des Armenwesens,
4. Irrenanstalten,
5. Polizeigerichte und Gerichtshof für Leichenschau (Courts of Sessions und Coroners' Courts),
6. Beseitigung ungesunder Stadtteile,
7. Stadtverbesserungen hygienischer und verkehrspolizeilicher Natur,
8. Errichtung von Arbeiterwohnungen,
9. Errichtung von Tunnels,
10. Errichtung von Eindeichungs- und Eindämmungsarbeiten,
11. Feuerwehr,
12. Versorgung der Stadt mit hydraulischer Kraft,
13. Technischer Unterricht,
14. Kunstgallerien,
15. Öffentliche Bibliotheken,
16. Verwaltung und Überwachung der Fabrikgesetze und andere ähnlicher Gesetze,
17. Die Überwachung der Theater,
18. Statistik.

Aus dieser Willenlosigkeit und Tatenlosigkeit scheinen zunächst die gemeindlichen Verbände eine Erweckung bringen zu wollen, die sich in Victoria, Südaustralien, Westaustralien und Neuseeland zur Wahrung und Vertretung der gemeindlichen Interessen gebildet haben.

Neben einer Reihe von Einzelvorschlägen (siehe Schachner l. c. S. 130 f.) kam bei ihren Beratungen und Beschlüssen immer wieder die große Frage der Stadterweiterung, d. h. Beseitigung des Vielregierens in den auf das engste mit einander verknüpften Nachbargemeinden und die Herstellung einer Verwaltungshoheit über das ganze Stadt- und Wirtschaftsgebiet einer örtlichen Gemeinschaft zur Erörterung. Spricht nicht die Tatsache Bände, daß Groß-Sydney 41 Gemeinden hat und für 538 800 Einwohner 500 Stadträte, während die gewaltige wirtschaftliche Arbeit englischer Großstädte von ungefähr dem siebenten Teil an Stadtverordneten, so in Leeds mit 470 268 Einwohnern von 63, in Birmingham mit 553 155 Einwohnern von 71 bewältigt werden kann.

Der Zusammenschluß brächte mit der Möglichkeit großer gemeindlicher Unternehmungen eine Förderung der wirtschaftlichen Interessen, mit einheitlicher Wahrnehmung der Gesundheitspflege in Seuchenverordnungen, Bauordnung und Baupolizei eine Hebung der hygienischen Verhältnisse, weiter die Entlastung der Steuerzahler durch Schaffung neuer Einnahmequellen und Ausgabe gemeinsamer Anlehen, denen ein billigerer Kredit zur Seite stünde — und endlich last not least, die Weckung und Belebung des heute noch so geringen kommunalpolitischen Geistes.

Die Government extension Bill von Neusüdwales ist das vielversprechende Resultat dieser Bewegung in Australasien.

Zum erstenmal hat sich hier modernes kommunalpolitisches Empfinden, dessen Wecken und Förderung sich schon das Kabinet See angelegen sein ließ, unter Carruthers Ministerpräsidentschaft 1906 zu einem Gesetzentwurf verdichtet, der der großen Aufgabe der Städte Rechnung tragen will.

Der dritte Abschnitt des Gesetzentwurfes sieht für Sydney jene allüberall in Australasien ersehnten Machtvollkommenheiten vor, die die australischen Städte erst emportragen werden zur Größe ihrer englischen und kontinentalen Brüder und das kommunalpolitische Interesse zum Segen der Gesamtheit zu beleben geeignet sind; ihre Aufgaben sind umfassend gedacht:

Gasanstalten, Elektrizitätswerke, Beleuchtung, Krafterzeugung, Wasserversorgung, Kanalisation, Viehhöfe, Schlachthäuser, Märkte aller Art, Hafenüberfahrten, öffentliche Bäder, Wäschereien, Küchen, Nachtasyle, Arbeiterwohnhäuser, Bibliotheken, Kunstinstitute, technische Schulen, Parke, Milchversorgung.

Noch ist die Bill nicht zum Gesetz geworden, aber doch wurde das Vorbild Englands wach und verspricht das Dunkel australischer Gemeindeverwaltung zu erleuchten.

Bedeutende kommunalsoziale Forderungen sind auch in dem Programm der Arbeiterparteien aufgestellt, die, nachdem sie lange, allzulange der Tätigkeit der Rathäuser ferngeblieben sind, allmählich der deutschen Sozialdemokratie ähnlich den nucleus sozialistischer Reform in sozialer Gemeindepolitik sehen. In allen Ländern besteht natürlich die Forderung des one man, one vote Prinzips; einige Programme gehen aber weit in die Details.

Nicht weniger als acht Punkte des kommunalen Programms der victorianischen Partei beschäftigen sich mit der wirtschaftlichen Tätigkeit und sozialen Fürsorge, und zwar die Ziffern 3, 4, 5, 6, 8, 10, 11, 12; Ziffer 9 befaßt sich mit der Demokratisierung der Körperschaftsverwaltungen, die heute oft nur von Staatsernannten beherrscht werden.

3. a) Alle Unternehmungen, wie Trambahn, Beleuchtung, Wasserversorgung, Märkte, sollen von der Gemeinde ausgeführt oder doch überwacht werden.

b) Erteilung der Konzession an Trambahn-, Elektrizitäts-, Licht- und andere Gesellschaften soll nicht stattfinden.

4. Ausdehnung der Arbeiten in eigener Regie, wo immer möglich.

5. Achtstundentag, die Löhne der städtischen Arbeiter sollen nicht unter dem Minimumlohn, wie er von den Gewerkvereinen festgesetzt ist, stehen.

6. Errichtung gesunder Wohnstätten für das Volk durch die Gemeinden.

8. Städtische Versicherung des Eigentums der Steuerzahler.

9. Direkte Wahl aller Vertreter für alle Körperschaften und Sonderausschüsse durch das Volk.

10. Schaffung von Erholungsplätzen in bevölkerten Stadtteilen zur freien Benutzung für das Volk und zu Spielplätzen für Kinder.

11. Vorsorge für regelmäßige Volksunterhaltung, sei es Konzerte, Vorlesungen, Theater oder ähnliche Mittel zur Bildung des Geschmackes des Volkes.

12. Keine Veräußerung von Grundeigentum der Gemeinden.

Daneben besteht noch ein eigenes Programm für die Greater Melbourne Politik (näheres s. Schachner l. c. S. 137), dem in Ziffer 7 ein reiches wirtschaftliches Programm beigegeben ist.

Ziffer 7. Befugnisse des in Aussicht genommenen Stadtrates:

1. Völlig freie gemeindliche Selbstverwaltung.
2. Überwachung des Gesundheitswesens.
3. Städtische Verwaltung aller öffentlichen Dienste und Bedürfnisse.
4. Finanzielle Befugnisse: Erhebung von allgemeinen und speziellen Steuern. Veranlagung der Grundsteuer nach dem unverbesserten Bodenwert. Auflegung einer Steuer auf den unverdienten Mehrwert. Bankgeschäfte, Feuer-, Lebens- und Industrieversicherung. Pfandleihgeschäft. Geldleihen. Zusammenlegung und Zurückzahlung der bestehenden Schulden der gemeindlichen Körperschaften.
5. Beaufsichtigung der gewerblichen Arbeiterverhältnisse.

Die neue sozialistische Arbeiterpartei Neuseelands, die im Parlament erst einen Sitz zu erringen vermochte (siehe Schachner l. c. S. 87), hat ihre Tätigkeit mit Aufstellung eines eigenen Programmes für kommunale Reform begonnen, das in seiner Gesamtheit ein Zukunftsbild des Werdegangs australischer Kommunalpolitik geben mag:

1. Eine Stimme für jeden erwachsenen Einwohner.

2. Gemeinden sollen durch Volksabstimmung veranlaßt werden können, irgendeine Industrie oder einen Dienst aufzunehmen. Alle Arbeiten, die der Gemeinde obliegen, sollen von ihr in eigener Regie durchgeführt und keine geringeren als Gewerkvereinslöhne gezahlt werden.

3. Vereinigung der Gemeinden in großen Bevölkerungszentren.

4. Basierung aller Steuern auf dem unverbesserten Bodenwert.

5. Befugnis der Gemeinde bei Steuerrückständen von fünf Jahren das betreffende Land zu erwerben und durch Verpachtung — nicht Verkauf — zu verwerten; der vormalige Eigentümer soll jedoch den Besitz unter Zahlung aller Verbesserungen, Steuern und der angewachsenen Zinsen zurückerwerben können.

6. Eigene Bodenwerteinschätzung bei fünfjähriger Steuerfatierung durch den Eigentümer selbst und Ermächtigung der Gemeinde, das Besitztum zu dem fatierten Werte + 10 % zu erwerben.

7. Befugnis des Zwangserwerbs von Gas- und Elektrizitätswerken.

8. Befugnis durch Initiativantrag eine Abstimmung der Wähler über irgendeinen Punkt der Politik der Gemeindeverwaltung vornehmen zu lassen.

9. Die Eröffnung von Verkaufsstellen für Fleisch, Milch, Fische und Früchte.

10. Detailverkauf von Speisen durch die Gemeinde.

11. Milchdepot der Gemeinde.

12. Erbauung von Arbeiterwohnungen.

13. Vorschrift, daß jedes Haus ein Bad erhält.

14. Gesundheitliche Verbesserung kleiner Rückgebäudestraßen.

15. Maßgebende Regelung der Dienstverhältnisse bei der Trambahn durch die Delegierten der Bediensteten.

16. Übernahme der Gesundheitspolizei durch den Stadtrat.

So sehen wir, daß Reformideen der weitgehendsten Natur die Politiker und Parteien beherrschen. Bei der Bedeutung der Arbeiter und ihrer Parteien im öffentlichen Leben Australasiens ist es nicht fraglich, daß, wenn sie sich der Gemeinde ernstlich annehmen, der Erfolg nicht ausbleiben wird. Allzulange haben sie dem Rathaus ferngestanden, nun, da sie begonnen, die Ideen, die das heimatliche Gemeindewesen befruchten, zu ihrer Parole zu machen, werden sie einen heilsamen Druck ausüben, denn man hat in Australasien der Arbeiterpartei noch nie zu viel Vorsprung gewinnen lassen.

Alle fortschrittlich Gesinnten müssen die ehernen Erwägungen in ihrem Kampfe für eine machtvolle Gemeinde leiten, daß die Gemeindeverwaltung die Schule und Voraussetzung freier Staatseinrichtungen ist (Stuart Mill) und der Geist der Gemeindeverwaltung in sich die Stärke und Größe einer freien Nation trägt (de Tocqueville).

Quellen.

Schachner, Australien in Politik, Wirtschaft, Kultur. Jena (Gustav Fischer), 1909.

Schachner, Die australasische Gemeinde in administrativer, politischer, wirtschaftlicher und sozialer Beziehung in den Jahrbüchern für Nationalökonomie und Statistik, herausgegeben von Conrad, III, 35, S. 433—501.

Edward Jenks, The Government of Victoria, Melbourne 1897.

Ell, Views on some of the Political Questions of the day, Christchurch 1905.

John D. Fitzgerald, Greater Sydney and greater Newcastle, Sydney 1906.

The Municipal Handbook of New Zealand 1905, Wellington 1906; die Jahresberichte der Städte: Sydney, Brisbane, Adelaide, Perth, Freemantle, Albury (Neusüdwales), Wellington, Auckland, Christchurch.

Greater Auckland. Report of Conference of Delegates from the Local Bodies. 24. January 1906. Auckland.

Rechenschaftsberichte einzelner Verwaltungszweige der Stadt Melbourne, die Jahreskalender und „Vade mecum" vieler Städte (kurze Berichte mit Statistiken).

Die statistischen Jahrbücher der verschiedenen Staaten und des Commonwealth.

Statistik der Hauptstädte Australiens.

	Jahr	Sydney	Melbourne	Brisbane	Adelaide	Perth	Hobart
Verleihung der Selbstverwaltung:		1842	1842	1859	1840	1871	1852
Fläche der Innenstadt (city proper): Äcker		2 759	7 396	3 520	3 700	2 300	2 703
Fläche der Stadt mit Vororten (Gesamtstadt): Äcker		90 335	156 084	191 680	95 658	10 999	4 503
Bevölkerung der Gesamtstadt	1861	95 789	139 916	6 051	18 303	—	19 449
	1881	224 939	282 947	31 109	103 864	5 882	21 118
	1906	538 800	526 400	132 468	175 641	53 800	34 985
Bevölkerung der Innenstadt	1906	124 486	100 840	37 690	40 045	29 760	25 389
Wert des steuerbaren Eigentums	1861	7 600 000 £	6 526 760 £	600 000 £	3 300 000 £	? £	? £
	1881	14 498 570 "	9 586 730 "	2 890 038 "	7 100 000 "	? "	1 800 000 "
	1906	45 545 700 "	32 439 040 "	6 128 032 "[1]	9 315 000 "	4 281 770 "	3 470 030 "
Jahresertrag des steuerbaren Eigentums	1861	760 000 "	652 676 "	52 550 "	165 481 "	? "	? "
	1881	1 449 857 "	958 673 "	231 202 "	384 101 "	? "	110 800 "
	1906	2 312 830 "	1 621 952 "	408 600 "	465 750 "	426 828 "	198 000 "
Herstellungskosten der gesamtstädtischen Wasserwerke		4 847 978 "	3 793 390 "	774 921 "	1 675 313 "	486 857 "	185 854 "
Kanalisationen		4 330 397 "	5 258 156 "	— "	622 034 "	— "	100 000 "
Gaswerke		— "	32 000 "	241 000 "	353 000 "	82 076 "	} 110 000 "
Elektrizitätswerke		421 702 "	415 150 "	77 290 "	210 178 "	121 100 "	
Einkünfte der Stadt	1861	71 299 "	74 556 "	4 478 "	21 873 "	? "	24 457 "
	1881	149 884 "	126 586 "	45 393 "	88 246 "	? "	43 844 "
	1906	297 129 "	288 016 "	81 124 "	68 066 "	71 536 "	49 731 "
Ausgaben der Stadt	1861	83 277 "	89 237 "	14 788 "	20 345 "	? "	26 691 "
	1881	145 512 "	114 071 "	45 491 "	73 886 "	? "	50 729 "
	1906	302 069 "	272 928 "	86 593 "	64 999 "	75 825 "	53 347 "
Anleihen		1 735 000 "	1 819 000 "	379 428 "	59 900 "	230 700 "	234 900 "
Tilgungsfonds		145 850 "	91 524 "	8 647 "	6 254 "	50 542 "	12 713 "
Länge der Straßen: Holzpflaster, Meilen		20 3/8	10	1 5/8	—	2	—
Makadam, "		} 96 3/8	137	75	93	77	38
andere, "			44	6 3/8	—	4 1/4	1/2

[1] Unverbesserter Bodenwert (unimproved value).

Altenburg
Piererſche Hofbuchdruckerei
Stephan Geibel & Co.

FSC
www.fsc.org
MIX
Papier | Fördert
gute Waldnutzung
FSC® C083411

Kolibri 360 GmbH
Ferdinand-Jühlke-Straße 7
99095 Erfurt, Deutschland
produktsicherheit@kolibri360.de

Druck:
CPI Druckdienstleistungen GmbH
im Auftrag der
Kolibri 360 GmbH
Ferdinand-Jühlke-Str. 7
99095 Erfurt